AF756667

تیسری منزل

(افسانے)

ہاجرہ مسرور

© Taemeer Publications LLC

Teesri Manzil *(Short Stories)*

by: Hajra Masroor

Edition: September '2024
Publisher :
Taemeer Publications LLC (Michigan, USA / Hyderabad, India)

ISBN 978-93-5872-787-6
9 789358 727876

مصنف یا ناشر کی پیشگی اجازت کے بغیر اس کتاب کا کوئی بھی حصہ کسی بھی شکل میں بشمول ویب سائٹ پر اَپ لوڈنگ کے لیے استعمال نہ کیا جائے۔ نیز اس کتاب پر کسی بھی قسم کے تنازع کو نمٹانے کا اختیار صرف حیدرآباد (تلنگانہ) کی عدلیہ کو ہو گا۔

© تعمیر پبلی کیشنز

کتاب	:	**تیسری منزل** (افسانے)
مصنف	:	**ہاجرہ مسرور**
صنف	:	فکشن
ناشر	:	تعمیر پبلی کیشنز (حیدرآباد، انڈیا)
سالِ اشاعت	:	۲۰۲۴ء
صفحات	:	۱۴۲
سرورق ڈیزائن	:	تعمیر ویب ڈیزائن

فہرست

عورت

"تصدق بھائی! یہ کنگھی سے ناآشنا بکھرے ہوئے بال، یہ کثیف پوشاک اور یہ بڑھا ہوا خط، میں پوچھتی ہوں آپ کو کیا ہو گیا ہے؟" قدسیہ نے تصدق کو حیرت سے دیکھتے ہوئے کہا۔ جو ایک مدت کے بعد اس کے سامنے تھا۔

"قدسی! انجان نہ بنو۔ میں اپنے مضطرب دل کو تسکین دینے آخری بار آیا ہوں اور ابھی چلا جاؤں گا۔ ہاں ایک بار پھر اپنے انہیں دلنواز جملوں سے میرے کانوں میں رس ٹپکاؤ کہ تصدق میں تمہاری ہوں۔"

"کیا کہہ رہے ہیں آپ؟ سوچئے تو چھوٹے گاؤں سے کیا ناطہ؟"

"نہیں قدسی! ایک بار پھر وہی کہہ دو اعتراف محبت کی تجدید میری تاریک زندگی میں روشنی کی ایک کرن ہو گی۔" اس کے پاؤں لڑکھڑا رہے تھے۔ اور منہ سے شراب کی تیز بو آ رہی تھی۔

"آپ نے شراب کب منہ سے لگائی؟" قدسیہ نے جانتے ہوئے پوچھا۔

"تم میری دکھتی رگوں کو نہ چھوؤ قدسی! لیکن اگر تم اپنے معلوم کرنے کے طفلانہ جذبے کو تسکین دینے پر ہی مصر ہو تو سن لو میری زندگی کی چند طویل چیخیں۔"

"آپ اپنی گفتگو کو دردناک بنا کر اپنی لغزشوں پر پردہ نہیں ڈال سکتے؟" وہ غصے سے بولی۔

"تم جی کھول کر کہہ لو، جو کچھ بھی کہہ سکتی ہو۔ مجھے اعتراف ہے کہ میں نے تمہیں بھولنے کے لیے شاہدان بازاری کی پر پیچ زلفوں میں گم ہو جانا چاہا۔ شراب پی اور کچھ دیر کے لیے تم کو بھول گیا۔ لیکن شراب کا عارضی نشہ تمہاری یاد کے دائمی نشے پر فتح نہ پا سکا اور پھر وہی یاد جان لیوا۔۔۔"

قدسیہ کی پیشانی پر شکنیں پڑ گئیں۔ وہ اس کی بات کاٹ کر تیزی سے بولی، "ہوش کی دنیا میں قدم رکھیے۔" پھر تصدق کی طرف سے منہ پھیر کر آتش دان پر رکھی ہوئی اپنے شوہر کاظم کی تصویر کو دیکھتے ہوئے کہنے لگی، "مدت ہوئی میں اپنے آپ کی یاد کو ماضی کے ملبے میں دفن کر دیا کیونکہ پاکیزہ محبت بھی کوئی نہ کوئی قربانی چاہتی ہے۔ لیکن آپ نے محبت کی ناکامی کا ڈھونگ رچا کر عیاشی کرنا شروع کر دی۔ نفس کا بچاری مرد محبت میں نفسانی خواہشات کی تسکین نہ پا کر آپے سے باہر ہو گیا۔"

تصدق قدسیہ کا سرخ چہرہ دیکھ کر مبہوت رہ گیا۔ کیا وہ یہی سننے کے لیے آیا تھا۔ کیا اس نے اس دن کے لیے اپنی عزت و دولت کا خون کیا تھا۔ کیا وہ اس عورت کا نام لے کر جی رہا تھا۔ "بس کرو، میں یہ وعظ سننے نہیں آیا ہوں۔ بلکہ اپنی زخمی روح پر تمہارے اقرار محبت کا پھاہا رکھنے کی امید پہ آیا ہوں۔" کہتے کہتے اس کی آواز آنسوؤں میں ڈوب گئی۔ ایک لمحہ رک کر پگھلا دینے والی آواز میں بولا، "قدسی کیا شہد کی نہر کا ایک قطرہ بھی میری تلخ زندگی کو نہیں بخشا جا سکتا؟" قدسیہ نے منہ پھیر کر خشک لہجے میں کہا، "آپ مجھے خیانت کا مرتکب دیکھنا چاہتے ہیں۔" وہ اپنے امکان سے کہیں بڑھ کر بول گئی۔

"کیا تم اپنے وہ الفاظ بھول گئی کہ میری روح تمہاری ہے۔" تصدق نے ماضی کے ترکش کا آخری تیر چھوڑ دیا۔ قدسی کا سفید چہرہ سرخ ہو گیا۔ جیسے وہ سینے کے اندر پھوٹنے والے جذبات کے سوتوں کو وہیں دبا دینے کی کوشش کر رہی ہو۔ اس کی آنکھوں پر غم

آلود دھند چھائی ہوئی تھی۔

"کہا ہوگا۔ لیکن تجربے نے قبول کی تردید کر دی۔ کاظم میرے جسم کا مالک ہے اور جسم کی حکمران روح، تو جسم و روح کو الگ کر دینے سے کچھ بھی نہیں رہ جاتا۔" قدسیہ تصدق کی تباہی سے وقتی طور پر متاثر ہو کر اپنی زبان کو دھوکہ دے رہی تھی۔

"کیا یہ تمہارا فیصلہ ہے۔" تصدق نے امید بھری آواز میں کہا۔

"ہاں!" اس کے حلق کو چیرتا ہوا نکلا۔ وہ اس وقت محسوس کر رہی تھی کہ اس نے اپنی دکھوں سے بھری ہوئی زندگی کی آخری رنگینی بھی کھو دی۔ اس کی آنکھیں خشک تھیں اور دل خون کے آنسو رو رہا تھا۔

"کاش میں تمہارے مکروہ باطن سے فریب کی سنہری چادر پہلے ہی سرکا سکتا۔" تصدق کے صبر کا پیمانہ چھلک پڑا۔ اس نے قدسیہ کو پہلی بار کڑی نظروں سے دیکھا۔ اس کی دونوں مٹھیاں بھنچی ہوئی تھیں۔ جیسے وہ بے وفا قدسیہ کا سب کچھ مسل کر پھینک دینا چاہتا تھا۔ قدسیہ نے اس کی طرف دیکھا تو ایسا محسوس کیا کہ اس کے الفاظ کی خلیج جو دونوں کے درمیان حائل تھی خود بخود پٹتی جا رہی ہے اور وہ پھر اس کی طرف بڑھ رہی ہے۔

"اب مجھے تم سے نفرت ہے۔" وہ پھر الفاظ کی اوٹ میں ہو گئی۔ تصدق نے ایک لمحے تک قدسیہ کو گھورا اور پھر جاتے جاتے کہہ گیا، "تو نے مجھے محبت کا فریب دے کر میری تباہی دیکھی۔ اب تو میری کامیاب زندگی سے جلنا ڈائن!" اس کے پیچھے قدسیہ کی کمزور بانہیں اس انداز میں پھیلی ہوئی تھیں جیسے وہ سب کچھ کھو بیٹھی تھی۔ شہد کی نہر تصدق کو اپنی حلاوت بخش چکی تھی۔

تصدق اور قدسیہ خالہ زاد بہن بھائی تھے۔ قدسیہ کو بچپن ہی میں تصدق سے منسوب کر دیا گیا تھا۔ وہ دونوں ایک ساتھ پلے بڑھے، ایک دوسرے کے دکھ درد میں

شریک رہے اور کیوں نہ رہتے جب کہ وہ سمجھتے تھے کہ چند برسوں کے بعد انہیں شادی کی زنجیروں میں جکڑ دیا جائے گا۔ لیکن! شادی کی مقررہ تاریخ سے کچھ دن قبل زمانے کے سرد گرم بوڑھوں میں ایک ذرا سی بات پر جھگڑا ہوا اور اتنا بڑھا کہ منگنی کے توڑ پر آکر ختم ہوا۔ اٹھارہ برس کا عہد آناً فاناً میں فراموش کر دیا گیا۔ قدسیہ اور تصدق کے خواب محبت کی تعبیر دو دلوں کی کبھی نہ ختم ہونے والی ایک کشش تھی۔

اس جھگڑے کے فوراً بعد ہی قدسیہ کا رشتہ ایک امیر کبیر شخص کے ساتھ کر دیا گیا۔ باجے بجے، آتش بازی میں آگ لگائی گئی، دیگیں کھنکیں اور بے بس قدسیہ کو سرخ جوڑے میں دلہن بنا کر رخصت کر دیا گیا۔ بیچاری قدسیہ دل ہی دل میں گھٹتی اور منہ سے کچھ نہ کہتی۔ شوہر بھی ملا تو انتہا درجہ کا شکی اور کم ظرف۔ بات بات پر تصدق کے طعنے، ذرا دیر بھی خاموش بیٹھی تو کہا گیا اری کم بخت کس کا سوگ منایا جا رہا ہے۔ قدسیہ سنتی اور خون کے سے گھونٹ پی کر رہ جاتی۔ اس نے لاکھ چاہا کہ وہ کاظم کے دل سے یہ واہیات خیال نکال دے۔ لیکن وہاں تو اس کی ہر صفائی اسے اور بھی گنہگار بنا دیتی۔

ادھر تصدق پر بھی شادی کے لیے زور دیا گیا۔ لیکن اس نے والدین کے فیصلے کے آگے سر نہ جھکایا۔ بلکہ قدسیہ سے زبردستی الگ کر دینے کی سزا میں اس نے باپ کی دولت دھڑلے سے ادھر ادھر اڑانا شروع کر دی۔ وہ ہفتوں گھر میں صورت نہ دکھاتا۔ ہر طرف تصدق ہی کے چرچے تھے۔ بوڑھا باپ اپنے اکلوتے بیٹے کی بربادی دیکھتا اور کڑھتا۔ لیکن تصدق سے سامنا ہونے پر وہ اس پر اس کی بربادی کا الزام رکھتا۔ تصدق پر باپ کی سرزنش بالکل الٹا اثر کرتی۔ اگر باپ کبھی اس کے سامنے اپنی غلطی کا اعتراف کر لیتے تو شاید کچھ نہ ہوتا۔ لیکن بڑے بوڑھے تو اپنی غلطی کو ماننا ہی اپنی ہتک تصور کرتے ہیں۔

تصدق کی غلط روی کی خبریں ہر روز نمک مرچ لگا لگا کر کاظم قدسیہ سے بیان کرتا۔ ایک روز تو کاظم نے باہر سے آتے ہی بڑے طنز سے کہا، "لو جی! آج تو تمہارے چہیتے زہرہ جان کے کمرے کے نیچے شراب میں مست نالی میں منہ ڈالے دیکھے گئے ہیں۔ وہ تو کہو کہ پولیس کے آنے سے پہلے ان کے ابا جان انہیں گھر اٹھوا لے گئے۔ ورنہ تم جانو۔" قدسیہ جلدی سے کمرے میں گھس گئی کہ کاظم کی زہریلی گفتگو نہ سن سکے۔ اس دن رات بھر وہ یہی سوچتی رہی کہ ہاں تصدیق نے میری ہی خاطر اپنی یہ حالت بنائی ہے۔ اب میں ہی اسے دنیا کے سامنے انسان کی صورت میں پیش کروں گی۔ آخر اس نے موقع ملنے پر وہی کیا جو سوچا تھا۔

تصدق کے جانے کے بعد قدسیہ نڈھال ہو کر پڑ رہی۔ آج وہ اپنی آخری پونجی بھی کھو چکی تھی۔ بچپن کی محبت جو دیوانگی کی حد تک پہنچ چکی ہو، اسے بھول جانا کوئی بچوں کا کھیل نہ تھا۔ دوسرے ہر وقت کے طعن تشنیع، بیہودہ الزامات نے اس کے دل میں ایک طوفان سا برپا کر دیا تھا۔ کاظم کی بدمزاجی اور شکی پن اس کے لیے آہستہ آہستہ آنے والی موت تھی۔ لیکن وہ اب تک جی رہی تھی۔ صرف اس خیال کے سہارے کہ ابھی دنیا میں کوئی اسے دیوانہ وار چاہنے والا بھی موجود ہے۔ یہ احساس اس کی ہستی کے بنجر میدان میں گلاب کے پھول کی طرح تھا۔ لیکن آج اس نے اپنے ہاتھوں اس یکہ و تنہا پھول کی پنکھڑیاں نوچ کر زمانے کی ہوا کے ہاتھوں سونپ دیں تھیں۔ آج اس کی زندگی بالکل سونی اور بے مقصد تھی۔

شام کو کاظم غصے میں لال پیلا ہوتا گھر آیا۔ اسے کسی نے بتایا تھا کہ آج تصدق اس کے گھر سے نکلتے دیکھا گیا۔

"کیوں جی! آج تمہارے "وہ" کیسے آئے تھے؟"

قدسیہ مارے خوف کے سفید پڑ گئی۔

"کون؟" اس نے ڈرتے ڈرتے سوال کیا۔

"ارے! اتنی جلدی بھول گئیں؟ ہونا ہرجائی؟"

اسے شادی کے بعد پہلی مرتبہ قدسیہ کی طرف سے ایک بات ملی تھی۔ بھلا کیسے اس موقع کو ہاتھ سے جانے دیتا۔ قدسیہ کے سارے جسم کا خون سمٹ کر چہرے پر آ گیا۔ جیسے اس کی رگوں میں سیکڑوں سوئیاں دوڑنے لگیں۔ تاہم وہ اپنے غصے کو ضبط کر کے بولی، "یونہی ملنے آ گئے تھے۔"

"کیا کیا باتیں ہوئیں؟" وہ ایک گندی ہنسی ہنس کر بولا۔

"وہ اب میرا بھائی ہے۔ آپ ناحق شک کرتے ہیں۔" وہ بات کو زیادہ طول نہ دینا چاہتی تھی۔

"بکواس مت کرو، میں پوچھتا ہوں اتنی دیر تک کیا ہوتا رہا؟" کاظم نے جھپٹ کر اس کی سوکھی ہوئی کلائی مروڑ دی۔ "جلدی بول، ورنہ اچھا نہ ہوگا۔"

شادی کے بعد گالیاں تو اکثر ملا ہی کرتی تھیں لیکن یہ مار بالکل نئی تھی۔ ماں باپ کی لاڈلی جسے کبھی کسی نے انگلی نہ چھوائی تھی، آج بلاوجہ اتنا ظلم سہہ رہی تھی۔ وہ تکلیف سے زرد پڑ گئی۔ لیکن اس کی خودداری زندہ ہو گئی۔

"جب آپ اپنی راتیں آوارہ عورتوں میں بسر کرتے ہیں تو میں نہیں پوچھتی کہ ان سے کیا باتیں ہوئیں!"

آدم کے پہلو سے نکلی ہوئی حوا کی بیٹی اپنے ازلی مساویانہ حق کی دعویدار تھی۔ لیکن ابن آدم جو عورت کی پیدائش کے مقصد کو پہلو سے گرا کر پاؤں سے کچلنے کا عادی تھا بھلا یہ جائز نکتہ چینی کیونکہ برداشت کر سکتا تھا۔ وہ سراپا شعلہ بن گیا۔ بیوی کی اتنی ہمت کہ وہ

اس سے بازپرس کرے؟ یہ مرد کی آمرانہ ذہنیت پر ایک زوردار طمانچہ تھا۔ کاظم صداقت کی تلخی برداشت نہ کر سکا اور کونے میں رکھا ہوا بید اس کے ہاتھ میں تھا۔ پھر قدسیہ پر مار پڑنے لگی۔ وہ چیخی چلائی لیکن اس کی آواز پر کوئی کیوں دوڑتا بھلا، کسی کو کیا غرض تھی کہ کسی کی بیوی یا بالفاظ دیگر ملکیت کے متعلق بازپرس کرتا۔ مار کھاتے کھاتے اس کا جسم سن پڑ گیا۔ اب وہ حیرت انگیز سکوت کے ساتھ لچکتے ہوئے بید کو گھور رہی تھی اور کاظم بے دردی سے اس کے جسم پر خونیں برقیں ڈال رہا تھا۔

"بول جلدی زہریلی ناگن۔" وہ زبان پر چڑھی ہوئی گالیاں فراٹے سے بکنے لگا۔ لیکن قدسیہ خاموش تھی جیسے وہ پتھر کی ہو گئی تھی۔ کاظم اپنے بازوؤں کی قوت آزما کر کمرے سے باہر نکل گیا اور دفعتاً جیسے ایک ہی لمحے میں قدسیہ کو ہوش آ گیا۔ اس نے بڑھ کر کمرے کا دروازہ اندر سے بند کر لیا۔ وہ آئینے کے سامنے کھڑی تھی۔ نچی کھچی جلد، ابلی ہوئی آنکھیں اور دکھتا نیلا جسم اس کے کانوں میں جیسے تصدق اور کاظم دونوں پھنکار رہے تھے۔

"تو شہد کی نہر ہے۔"

"تو زہریلی ناگن ہے۔"

باہر سے کاظم دروازہ بھڑ بھڑانے لگا۔ قدسیہ کے دل نے پکار کر کہا، "تجھ کو جو جیسا سمجھے اس سے ویسا ہی سلوک کر۔"

"ہیلو! پولیس اسٹیشن؟" قدسیہ نے ریسیور اٹھا کر پھولی ہوئی سانسوں کے درمیان کہا۔ "مدد۔ مدد! کاظم مجھے قتل کرنا چاہتا ہے۔ مظفر گنج کوٹھی نمبر ۲۴۔" اس نے نے ریسیور پھینک دیا اور دوڑ کر کاظم کا بھرا ہوا پستول دراز سے نکال کر دروازہ کھول دیا۔ کاظم اس کے ہاتھ میں پستول دیکھ کر خوفزدہ ہوا۔

"آجاؤ اندر۔" وہ زہریلی ناگن کی طرح پھنکاری۔ یہ وہی کمزور اور بے بس بیوی تھی جو ذرا دیر قبل مار کھا کر خاموش رہی لیکن اب وہ کاظم کے سامنے ایک "سچی عورت" کے روپ میں کھڑی تھی۔

"ظالم مرد! اگر میں چاہوں تو اس وقت تیرا ابھرا ہوا دماغ ایک ہی گولی سے اڑا دوں۔ لیکن نہیں میں تیری روح سے اپنی روح کو بہت فاصلے پر رکھنا چاہتی ہوں۔ تو نے میرے ضبط کی شیرینی چکھی۔ اب میرے انتقام کے زہر کو بھی حلق سے اتار۔ یاد رکھ عورت ہیرے کی کنی ہے جو چاہے اسے اپنے جسم کی زینت بنائے جو چاہے موت کا باعث۔"

قدسیہ نے جرأت سے پستول کی نالی اپنے سینے سے لگالی۔ دھائیں کی لرزہ خیز آواز سے ہر چیز کانپ اٹھی اور ساتھ ہی آئینے میں قدسیہ کا خون آلودہ عکس۔ ناگن کاظم کو ڈس چکی تھی۔ وہ گھبرا کر صحن کی طرف پلٹا اور دیوانہ وار گھر سے بھاگا۔ پھاٹک پر لاری سے اترتے ہوئے سرخ پگڑی والوں نے اس کے کپڑوں پر خون کے دھبے دیکھ کر گھیر لیا اور دوسرے لمحے اس کے ہاتھوں میں ہتھکڑیاں جھنجھنا رہی تھیں۔

٭٭٭

کنیز

سول لائنز کی سب سے کشادہ اور سب سے خوبصورت سڑک پر میل ڈیڑھ میل کی مسافت سے تھکی ہوئی کنیز اور ان کی دادی سڑ پٹر جوتیاں گھسٹتی چلی آ رہی تھیں۔ دادی کی چادر لو میں پھڑ پھڑا رہی تھی۔ کنیز کا پرانا کالا برقع تو ہوا کے زور سے کئی بار سر سے اتر اتر گیا۔ اس پر سے نمی اور چمی! نمی تو خیر ماں کی انگلی پکڑے چلی آ رہی تھی، مگر چمی میں اتنی جان کہاں۔ دادی کا سوکھا جسم، جھکی کمر، اس پر سے کولھے پر چمی۔۔۔ لو میں سرخ تانبا ہو رہی تھی۔

"اللہ تیرا شکر ہے۔ ہم نے صبر کیا تو صبر نہ کیجیو۔" دادی رہ رہ کر کراہ اٹھتیں۔ لیکن کنیز بار بار سوچتی، "اماں بیگم تانگے کے لیے روپیہ دے رہی تھیں، لے لیا ہوتا تو کاہے کو یوں لو میں بھنتے۔ قرض میں بھلا کیا بے عزتی؟ دادی پھر تو اپنی ناک رکھنے کو ادا ہی کرتیں، ویسے لاکھ خست کریں۔" مگر اس سوچ بچار کے باوجود سڑک لمبی ہی ہوتی جا رہی تھی۔ جو کوٹھی آتی بس، جی چاہتا کاش یہی کوٹھی اپنی ہوتی، جلدی سے اس تپتی سڑک سے بچ کر اندر گھس کر بیٹھ رہتے۔ مگر جب لو دھوپ میں آنکھیں مچمچا کر دیکھا جاتا تو ابھی منزل دور ہی نظر آتی۔۔۔ نہر کے پل کے ادھر ہی تو اپنی ننھی سی کوٹھی تھی۔ لمبے لمبے شیشم، یوکلپٹس، آم، جامن اور گولر کے درختوں کے گھنے گھنے سایوں میں دبکی ہوئی کوٹھی۔ یہاں سورج بھی مار کھا کر آتا، لو بھی غراتی آنے کے بجائے سسکی لے کر آتی۔

بہر حال حرکت میں برکت ہے۔ ان کی کوٹھی آہی گئی۔ لپک کر اپنے گوشہ عافیت میں سب نے پناہ لی۔ ابھی دروازہ بھی بند نہ ہوا تھا، چادر برقع تک نہ اترا تھا کہ کنیز پر اس کی بپتا نے جھپٹ کر حملہ کر دیا۔ "ارے تو قصہ ختم۔" حسرت ناک تعجب کی لہر میں اس نے اچانک اپنے زانوؤں پر ہاتھ مار کر رونا شروع کر دیا۔

"ارے عشرت میاں، میرے ساتھ تم نے دھوکہ کیا، ارے پوچھوں ناؤ کس نے ڈبوئی، کہا خواجہ خضر نے۔" کنیز نے لہک کر بین کیا اور ماتھا کوٹ لیا۔ دادی نے کپکپاتے ہاتھوں سے چادر اتاری، پان سے لال ہونٹوں کے گوشے لرزے، ٹھوڑی پھڑکی، چہرے کی ایک ایک جھری کانپ گئی۔ اور میلی میلی آنکھوں سے آنسو ٹپک کر جھریوں کی راہ سارے چہرے پر بہنے لگے، انہوں نے چمی کو زمین پر اتارا تو اس نے تیز آواز میں رونا شروع کر دیا۔ دادی، دادی۔ وہ ایک ہی سر میں رو رو کر انہیں اپنی طرف متوجہ کرنے کی کوشش کرنے لگی، لیکن کنیز کو بے حال دیکھ کر دادی کو اتنا ہوش کہاں رہتا۔ نمی کو پیاس لگ رہی تھی، اس نے بھی موقع غنیمت دیکھ کر پانی پانی پکار کر رونا شروع کر دیا۔

"ارے میرا بچہ مجھ سے چھڑایا، عشرت، تو اپنی میا سے چھٹ جائے، تو مر جائے عشرت۔" کنیز نے کچہری میں ممتاز کو عشرت کے حوالے کیے جانے کا منظر یاد کر کے سینہ پیٹ لیا اور بیہوش ہو کر کھڑے قد سے زمین پر آ رہی۔ اب تو نمی چمی اور دادی نے مل کر وہ ہائے واویلا کی کہ اپنی کوٹھی والے بھی جاگ اٹھے۔ بڑی بیگم ہول کر پلنگ سے اٹھیں تو چابیوں کا گچھا ٹخنوں پر ہتھوڑے کی طرح لگ کر بجا۔ ایک لمحے کو پاؤں پکڑ کر رہ گئیں۔۔۔ لیکن پھر فوراً ہی کمرے سے نکل کر برآمدے میں آ گئیں، سلمیٰ بی نے نہایت سستی سے ایک جماہی لے کر اپنے آپ سے کہا، "فیصلہ ہو گیا شاید۔" اور پھر کروٹ بدل لی۔

"کنیز، اے کنیز ادھر تو آؤ، کیا ہوا؟"

"ہائے کنیز کہاں، کنیز تو چل دیں۔" دادی کی پھٹی ہوئی آواز گونجی اور بڑی بیگم ننگے پاؤں ہی ادھر بھاگیں۔ پیچھے سے سلمیٰ بی بھی اپنا ساٹن کا پیٹی کوٹ سنبھالتی نکلیں۔

"چل دی؟ لو بھئی غضب ہو گیا۔ اب کیا کریں؟" کلیجے میں پنکھے سے لگ گئے۔ مگر کنیز تو وہاں موجود تھی، مری بھی نہیں تھی، کیسی صاف سانس چل رہی تھی۔

"اے اصغری بیگم! تم نے تو دہلا دیا، کیا ہوا؟" بڑی بیگم کے ننگے تلوے جیسے ابھی تک بھوبل پر تھے۔

"ہوا کیا بیٹی، نصیب کے لکھے پورے ہو گئے، کبھی ہمارے گھروں میں کاہے کو ایسا ہوا تھا۔ اس پاکستان نے مٹی خراب کر دی۔"

"رہنے دو بوا، رونے دھونے کو، اچھا ہوا کم بخت سے لونڈیا کا پنڈ چھٹ گیا۔ مہر کا کیا فیصلہ ہوا۔ لڑکا تو اسی کو مل گیا ہو گا۔ لڑکیاں بھی اس کے منہ پر پھینک دی ہوتیں۔ گندی بوٹی کا گندہ شوربا۔"

"ارے بیٹی کوئی اولاد کیسے چھوڑ دیوے، ارے میں تو پالے پوسے کی محبت میں گھر سے بے گھر ہو گئی، یہ تو اس کے اپنے جنے ہیں۔ لڑکے کے غم میں بے ہوش پڑی ہے۔" دادی نے رو رو کر کہا۔ بڑی بیگم نے کنیز کے منہ پر پانی کے چھینٹے دیے۔ کنیز نے جلدی سے آنکھیں کھول دیں۔ کٹورا بھر پانی پیا اور سر پکڑ کر لمبی لمبی سانسیں لینے لگی۔ بڑی بیگم نے کنیز کو اپنے کندھے سے لگا لیا اور آنکھوں میں آنسو بھر کر بولیں، "کنیز تو تو میری بچی ہے، تو کس بات کا فکر کرتی ہے، شکر کر تیرا اس کم بخت سے چھٹکارا ہو گیا۔ ابھی تیری عمر ہی کیا ہے؟ دیکھ لینا ایسی جگہ بیاہوں گی کہ تو اپنی خوشیوں میں مجھے بھی بھول جائے گی۔ پرسوں ہی تیری بات آئی تھی۔ لڑکا پانسو کا نوکر ہے۔ میں نے کہہ دیا، بھئی ابھی لڑکی کا

فیصلہ نہیں ہوا ہے۔ پھر مجھے لڑکے کی شکل بھی پسند نہ تھی، اے اصغری بوا جیسی اپنی کنیز کی شکل صورت ہے ویسا ہی جوڑ کا لڑکا ہو۔"

اسی دوران میں سلمیٰ بی جا چکی تھیں۔ یہ سارے کام انہوں نے اپنی اماں پر چھوڑ رکھے تھے۔ انہیں تو بس اپنے کام سے کام تھا۔۔۔ دادی نے گھور کر سلمیٰ بی کو کوٹھی کی طرف جاتے دیکھا، انہیں یہ لونڈیا پھوٹی آنکھ نہ بھاتی، کنیز سے تو کافی ہنس بول لیتی، مگر دادی کو دو انگلی اٹھا سلام بھی نہ کرتی، جیسے وہ ان کی نوکر ہوں۔ واہ غریبی میں کہیں کوئی شرافت مر جاتی ہے، دادی کو کیا پڑی تھی جو کسی کی خوشامد کرتیں۔ ان کے اپنے "بڑے میاں" کا مراد آباد میں اچھا بھلا پکا مکان تھا۔ وہ تو آئے دن خط لکھتے رہتے کہ آجاؤ، تم نے اپنے بھانجے کی اولاد کے لیے میرا ساتھ چھوڑ دیا، مگر وہ بے چاری لاولد تھیں۔ اپنے مرحوم بھانجے کی ذرا سی بچی کو اولاد کی طرح پالا، شادی بیاہ کیا، اب یہ قسمت کہ اس کا میاں پاکستان آیا اور وہ بھی دیوانی بنی اس کے پیچھے چلی آئیں، پالے پوسے کی آگ تو پیٹ میں رکھنے کی آگ سے کہیں بڑھ کر ہوتی ہے۔ مگر یہ باتیں آج کل کی لڑکیاں خاک سمجھیں؟ وہ تو بڑی بیگم کی مروت تھی جو دادی سلمیٰ بی کے تیوروں پر کچھ نہیں کہتی۔ اور پھر اس وقت تو جہاں سلمیٰ بی پیٹھ پھیر کر مٹکتی چلی گئیں، وہاں بڑی بیگم نے سب کو اپنوں کی طرح سمیٹا اور اپنے کمرے میں لے گئیں۔

ان کے کمرے میں پلنگ دو ہی تھے، ایک پر سلمیٰ بی پہلے سے مست مارے پڑی تھیں، اب بڑی بیگم کی مسہری پر اتنے لوگ کیسے بیٹھتے، سو فرش پر ہی پاندان کھلا۔ دکھ سکھ کی یادیں ہوئیں، اور خوب ہوئیں۔ دادی روئیں، کنیز آنچل منہ پر ڈال کر سسکی تو بڑی بیگم کی آواز بھی بھرا گئی، سلمیٰ بی نے بڑی بیگم کے اتنے خلوص پر سوتے میں کئی بار ہوں ہوں بھی کی۔ آخر بیٹھے بیٹھے بڑی بیگم کی کمر میں درد ہونے لگا۔ اور وہ دادی کے اصرار سے

اپنے پلنگ پر لیٹ گئیں، مگر اس وقت بغیر کنیز کے چین کہاں۔۔۔ بولیں، "کنیز بیٹی میرے پاس آجا۔ اری میں کہتی ہوں منہ سے کہے کا بھی کیسا پیار ہوتا ہے، تجھے بیاہوں گی تو کیسے قرار آئے گا؟"

یہ سن کر دادی کے ہاتھ قبلے کی طرف اٹھ گئے۔ اللہ بیکسوں کے لیے تو ہی دنیا میں فرشتے بھیج دیوے ہے۔ دادی کی آنکھیں ایک بار پھر پر آب ہو گئیں۔ اور کنیز کے زخموں کی جلن کچھ کم ہوگئی۔ وہ شرماتی، پائنتی بیٹھ گئی، بیگم سے اس کی عقیدت پیروں اور ولیوں سے بڑھ کر ہوگئی۔ بیگم نے اٹھ کر اس کے سر پر ہاتھ پھیرا مگر پھر فوراً ہی گھنٹیا کے درد سے مجبور ہو کر اپنے ہاتھوں اپنی پنڈلیاں مسکنے لگیں۔

"اماں بیگم سو رہیئے۔" کنیز نے انہیں زبردستی لٹا دیا اور ان کی پنڈلیاں مسکنے لگی۔ بڑی بیگم نے بہت نہیں نہیں کی، دادی کو بھی کنیز کی اتنی عقیدت آنکھوں ہی آنکھوں میں کھل گئی، مگر وہ ایک نہ مانی۔ اس نے سوچا کیا ہوا۔ کوئی اپنی ماں کے پاؤں دبانے میں بے عزتی ہووے ہے۔۔۔ ارے یہ ماں نہیں تو اور کیا ہیں، انہیں ہم سے کیا میٹھا لالچ، اس دیس میں کون کسی کو پوچھے ہے۔ ایک یہ بیچاری اپنی طرف کی مل گئیں جو انہوں نے اپنا بنا کر گھر میں جگہ دے دی، ورنہ اماں بیگم کوئی غلط تو نہیں کہتی ہوں گی کہ سارے پنجابی پنجابی بھرے پڑے ہیں اس دیس میں۔ "آپ جناب" تک کا مذاق اڑاوے ہیں۔۔۔ مگر عشرت کو یہ سب سوچنے کی کیا ضرورت تھی۔ طلاق کے دو بول لکھ کر دے دیے اور اپنی کوٹھری سے یہ کہہ کر نکال دیا کہ اب تمہارا مجھ سے پردہ واجب ہے۔ یہ نہ سوچا کہ اپنے مراد آباد میں اس طرح کرتے تو ایسا کچھ برا نہ تھا۔ وہاں میاں نصیبوں جلی کا گھر تو تھا۔ اپنی سگی پوتیوں سے زیادہ سمجھ کر پالا۔ دادا اس بڑھاپے میں بھی ہر طرح مدد کو تیار ہوتے۔۔۔

پر اس پاکستان میں تو دادی غریب کا ساتھ بھی اس حالت میں نہ ہونے کے برابر۔۔۔ دادا کا پیسہ کوڑی بھی آنے کا کوئی راستہ نہیں۔۔۔ نہ یہاں رہنے کا کوئی وسیلہ نہ جانے کی آس۔ اپنے غیر ہو گئے۔ ارے یہ جنم کا ساتھی، اس نے تو ایسی آنکھیں پھیریں کہ طوطا بھی کیا پھیرے گا۔ یہ نہ سوچا کہ اس بڑے شہر میں کہاں جاویں؟ نہ عدت گزارنے کی جگہ، نہ مہر، نہ بچوں کا گزارہ، پھر دعویٰ کیا تو لو وہ بھی برائی۔ کہتا ہے ویسے تو گزارہ دیتا پر اب ضد یا گیا ہوں۔ ارے ایسی ہی جی میں ٹھانی تھی تو پھر پاکستان کیوں بلوایا، اتنے دن سے جدائی تھی، سمجھ لیتے مر کر چھٹ گئی۔۔۔ پھر یہاں بلا کر منجدھار میں چھوڑ دینے کا کیا تک۔ وکیل تو کہتا تھا اب مراد آباد میں جا بسنا بھی مشکل ہے، پرمٹ مہینے دو مہینے کا بنے گا۔۔۔ دادی کو تو شاید دادا کی وجہ سے رہنے کی اجازت بھی مل جاوے پر میرا مشکل ہے۔ ہائے کیسا بے گھر بے در کیا۔ ارے عشرت تیرے پیارے تجھے روئیں۔۔۔"

اور کنیز پھوٹ پھوٹ کر رونے لگی۔۔۔ بیگم سو چکی تھیں۔ دادی بھی تھکی ہاری اونگھ گئی تھیں، سب صبر کر بیٹھے تھے، مگر کنیز کو صبر کیسے آ جاتا۔ سات سال کا پالا پوسا لڑکا چھن گیا۔ اب پتا نہیں ننھی چھمی کا کیا بنتا ہے۔ دادی قبر میں پاؤں لٹکائے بیٹھی ہیں۔ خود اس کی ایسی عمر نہیں کہ اکیلی کہیں محنت مزدوری کر کے پیٹ بھر لے۔ بقول بڑی بیگم چوبیس پچیس کا سن، صورت شکل کی کہو تو بس فوٹو سا کھنچا ہوا۔ اس پر بھی عشرت بدنصیب کا دل دوسری جگہ اٹکا۔ مراد آباد سے نوٹوں کی پیٹی باندھ بیوی بچوں کو چھوڑ کر پاکستان چلے کہ بس جیسے ہی وہاں برتنوں کا کارخانہ چلا سب کو بلا لوں گا۔ دادی تو عشرت کے لچھن سے خوب واقف تھیں اس پر سے کنیز کی طبیعت کی تیزی بھی ان سے کچھ چھپی نہ تھی۔۔۔

جب عشرت نے کنیز کو جھوٹوں بلایا تو انہوں نے فوراً ہی آنے کی تیاری شروع

کر دی۔ کنیز کو اکیلے کیسے بھیجتیں۔ دنیا نہ کہتی کہ لونڈیا کو اکیلے پر دیس جان بوجھ کر بھیج دیا اور خود بڈھے خصم کے کولہے سے لگی بیٹھی رہیں سوچا لڑکی ذرا رس بس لے تو پھر چلی جاؤں گی مگر یہاں آکر جو دیکھا تو کارخانہ وغیرہ سب چوپٹ اور عشرت میاں ساٹھ ستر کے کسی دکان پر ملازم اور ایک بنگلے کے سرونٹ کوارٹرز کی ایک کوٹھری کے پانچ روپیہ مہینہ کے کرایہ دار۔ دادی کلیجہ مسوس کر رہ گئیں۔ انہیں حالوں ہوتے جب بھی گزر ہو جاتی، مگر ان ساٹھ ستر میں عشرت کی دل لگی بھی تو چلتی اور کنیز کی زبان چلتی۔۔۔ دادی لاکھ کنیز کو لگام دیتیں، مگر وہ تو آپے میں نہ تھی۔۔۔ اور ایک دن عشرت نے بدزبانی اور فضول خرچی کے الزام میں طلاق لکھ دی۔۔۔ لڑکے کا ہاتھ پکڑا، اور کنیز کو ہانک کر کوٹھری میں تالا ڈال دیا۔۔۔ نہ کوئی داد نہ فریاد۔۔۔ اور جب کنیز اور دادی روتی پیٹتی کسی کوٹھی کے سرونٹ کوارٹر کی تلاش میں نکلیں تو بڑی بیگم تک پہنچ ہو گئی۔ پہلے تو بہت بے رخی سے پیش آئیں مگر جب دکھیاریوں کو بے آسرا دیکھا تو پگھل گئیں، نہ صرف کوارٹر مفت رہنے کو دیا بلکہ کنیز کو بیٹی تک کہہ دیا۔۔۔ مانگنے والے کی قسمت ہے، آگ مانگنے اور پیمبری تک مل جائے۔

اور بڑی بیگم جو اب کنیز کی اماں بیگم بن چکی تھیں، اس وقت گٹھیا کے درد سے نجات پاکر گہری نیند میں منھ کھولے سو رہی تھیں، اور کنیز ان کی پائنتی بیٹھی، اب چپکے چپکے آنسو بہا کر تھک چکی تھی۔ اپنا کوئی پیارا مر جائے جب بھی رو دھو کر صبر تو کرنا ہی پڑتا ہے۔۔۔ رفتہ رفتہ طبیعت ہلکی ہو ہی جاتی ہے۔

کنیز کی طبیعت تھوڑے ہی دنوں میں ہلکی کیا بس پھول سی ہو گئی۔ اب عشرت کی حیثیت کنیز کے لیے ویسی ہی تھی جیسی بچپن میں دادی کے منہ سے سنی ہوئی کوئی ادھوری کہانی، جسے سناتے سناتے دادی کی آنکھ لگ گئی ہو اور کنیز دادی کے خراٹے سن کر دو چار

منٹ بعد "ہوں ہوں" کرتی خود بھی سو گئی ہو۔۔۔ اور جب صبح آنکھ کھلے تو کٹورا بھر دودھ، باسی روٹی اور کپڑے کی گڑیوں کی بڑی بڑی نمک پاروں جیسی آنکھوں کے سامنے کہانی یاد کرنے کی کسے فرصت؟ کسی کی یاد آنے کے لیے بھی تو فرصت چاہیے اور کنیز کو اب اماں بیگم کی کوٹھی میں اتنی فرصت کہاں تھی۔۔۔ دادی عشرت کو کوستیں تو کنیز منہ بنا کر کہتی، "اے دادی تمہیں کوئی کام نہیں کیا۔ جو بیٹھی اس کے نام کی مالا جپ رہی ہو۔ مجھے تو اس کے نام سے اپنا بچہ یاد آوے ہے، اللہ اسے کبھی تو اتنی سمجھ دیوے گا کہ اپنی میا سے آملے گا۔ باوا حرامزادے کے منہ پر تھوک آوے گا۔"

اور اتنا کہہ کر کنیز آنکھوں میں آئے ہوئے آنسو پلکوں میں پروئے لپک کر کسی کام میں جٹ جاتی، بجلی کی طرح ساری کوٹھی میں کوندتی پھرتی اور دادی پر ایک نیا غم شام کے اندھیروں کی طرح اترنے اور چھانے لگتا۔ دادی اس کے یوں جھلک دکھا کر غائب ہونے کی نئی ادا سے ہول جاتیں، وہ کنیز کے سامنے بیٹھ کر اس کی بدنصیبی پر رونا چاہتی تھیں، تاکہ کنیز یہ نہ بھولے کہ دادی اس کی کتنی مامتا رکھتی ہیں۔ مگر وہ تو اب کنیز کی صورت کو ترس جاتیں، وہ اس کے پیچھے لپکتیں، مگر ان کی ٹانگوں میں وہ پھرتی کہاں۔ وہ کنیز کے تعاقب میں کوٹھی کے باورچی خانے میں پہنچتیں۔ اتنے میں کنیز سلمیٰ بی کے کمرے میں بولتی سنی جا سکتی تھی، کانکھتی کراہتی دادی برآمدے طے کر کے وہاں پہنچتیں تو کنیز لان میں کھڑی کرسیاں ترتیب سے رکھتی دکھائی دے رہی ہے، ان حالوں پر دادی اپنی پھٹی ہوئی آواز میں چلانے لگتیں۔

"اری کنیز تو بے حیا چھلاوہ ہو گئی۔ کم بخت عدت میں تو شریف زادیاں اپنی کوٹھری سے باہر بھی قدم نہیں رکھیں ہیں۔۔۔ اری ایسا سگھڑاپا اپنے گھر میں دکھایا ہوتا تو کاہے کو عشرت تھوک کر چھوڑ دیتا جو در در مارے پھرتے؟" اس اعلان سے ساری کوٹھی گونج

جاتی اور بڑی بیگم پر صدمے کا دورہ پڑ جاتا۔ سلمٰی بی کا مہاسوں بھرا چہرہ تیوریوں پر بل پڑنے سے اور بھی زہر ہو جاتا۔ بڑی بیگم کہیں سے بر آمد ہوتیں، چہرے پر رنج و ملال کا گہرا اثر لیے، کنجیوں کے بوجھ سے لٹکا ہوا کمر بند نیفے میں اڑس کر اور کنیز کو گلے لگا کر غم میں ڈوبی ہوئی آواز میں کہتیں،"جاؤ بیٹی اپنی دادی کے پاس۔ ہم تمہارے ساتھ کچھ کریں، کہلائیں گے غیر۔ ایک ذرا تم اپنی خوشی سے ہاتھ ہلا دو تو تمہاری دادی جان کو کھل جاتا ہے۔ اے حمید و کہاں مر گیا؟ آ کر بستر بچھا دو!"

اور کنیز کا خون جیسے نچڑ جاتا۔ یہ دادی تو پیر تسمہ پا ہو گئی تھیں اس کے لیے۔ "ان کا دل ذرا بڑا نہیں۔ اماں بیگم کیسی تو محبت کریں ہیں اور دادی کا یہ حال کہ بس چاہویں، میں ان کا ذرا سا کام بھی نہ کروں۔ ارے اب اپنے پاس اجڑ کر کسی کا احسان اتارنے کو رہ گیا گیا ہے۔"

کنیز دادی کو سمجھا سمجھا کر تھک گئی۔ مگر دادی کی سمجھ میں خاک نہ آتا، ہزار الٹی باتیں ہے، رات دن کولہے پر چمی رہوے ہے۔ لے اتر حرامزادی نہیں تو اٹھا کر پٹخ دوں گی۔ ہائے میری کمر ٹوٹ گئی اللہ۔" دادی بھاں بھاں کر کے ایسی چلاتیں کہ ساری کوٹھی دہل اٹھتی۔ سلمٰی بی کو تو اپنی اماں کا ذرا زور سے بولنا تک برا لگتا، آخر کوٹھی میں رہنے کے بھی کچھ تو آداب ہوتے ہیں۔ مگر کنیز کی صورت دیکھ کر صبر کر جاتیں۔ کنیز سلمٰی بی کا کامدانی والا دھانی دوپٹہ اوڑھے دادی کے پاس کھسیانی ہوئی آتی، "اے دادی کچھ تو ہوش کی دوا کرو، لوگ سمجھیں گے شریفوں والی عادتیں ہی نہیں۔۔۔" یہ کہہ کر وہ دوپٹہ لہرا کر سر پر ڈالتی۔ "لاؤ میری لونڈیا کو، تمہیں تو میری اولاد کھلے ہے، ایک تو چھن گیا۔" اور وہ چمی کو کھسوٹ کر کولہے پر رکھ لیتی، پھر بڑبڑاتی، "کیسی میلی ہے۔ سارا نیا دوپٹہ غارت کر دیوے گی۔"

"نیا دوپٹہ، لو تمہاری آنکھیں بھی پھوٹ گئیں، یہ دو بڑے بڑے بھبھاتے تو ہیں دوپٹے میں، موا سڑا ہوا دوپٹہ اوڑھ کر اتراوے ہے۔" دادی غرا کر کہتیں۔

"واہ، ابھی کل تو سلمیٰ اوڑھ کر کالج گئی تھیں، سائیکل میں آگیا ہو گا۔ اے دادی بہت کمینی طبیعت ہے تمہاری۔" کنیز اور بھی کھسیا کر کہتی۔ اور دادی آپے سے باہر ہو جاتیں، "ارے جس کے کارن سر منڈایا وہی کہے منڈی آئی۔ اب تو مجھ میں سارے عیب نظر آویں ہیں تجھے۔ تیرے پیچھے بے وطن ہوئی، سب بیچ بیچ تجھے اور تیری لڑکیوں کو کھلاؤں میں اور اماں بنے وہ۔۔۔"

کنیز گھبرا کر دادی کے منہ پر ہاتھ رکھ دیتی، اور پھر خوب ہی تو روتی، دادی کو اس بات کا طعنہ دیتی کہ وہ کھلا کر گناتی ہیں، اس کی قسمت پھوٹ گئی اس لیے دادی کی آنکھیں بھی بدل گئی ہیں۔ لیکن جب کنیز کی آنکھیں روتے روتے سوج جاتیں تو دادی اس کی خوشامد کرتیں اور دونوں میں میل ملاپ ہو جاتا۔ چمی پھر دادی کی گود میں چڑھ جاتی اور دادی نمی کی انگلی پکڑ کر رات کی ہنڈیا روٹی کے بندوبست کے لیے بازار کو روانہ ہو جاتیں اور کنیز ایک بار پھر چھلاوہ بن جاتی۔ کبھی باورچی خانے میں کبھی گول کمرے میں، کبھی سلمیٰ بی کے کمرے میں۔

کنیز سلمیٰ بی کے کمرے میں ایک آدھ بار مچل جاتی، "اے سلمیٰ بی یہ قمیص تو ہم لیں گے۔"

"واہ واہ، ابھی تو بنائی ہے ہم نے، نہیں دیتے۔" سلمیٰ بی ٹکا سا جواب دیتیں۔

"میری بچی نے کیسا منہ پھوڑ کر مانگا۔ ایک تو وہ خود ہی اتنی غیرت دار ہے کہ کبھی کسی چیز کی طرف آنکھ اٹھا کر نہیں دیکھتی۔ دے دے۔" بڑی بیگم کنیز کی کمک کو فوراً پہنچتیں۔

"اوں پھر ہم کو اور قمیص بنا کر دو، اتنی سی قمیصیں تو ہیں میرے پاس" سلمیٰ بی نخرہ دکھاتیں۔

"لو اب میں کہاں سے لاؤں، تمہارے باوا کون سی روکڑ چھوڑ چلے تھے میرے پاس۔۔۔ جانے کیسے الطاف میاں کی پڑھائی اور تمہارا نخرہ پورا ہو رہا ہے۔ بنک میں اب دھرا ہی کیا ہے۔۔۔ اب کیا کہوں کیسے گزر ہو رہی ہے۔ تمہاری آنکھوں پر تو پٹی بندھی ہے۔" بڑی بیگم ایک ٹھنڈی سانس بھرتیں۔

گزر کرنے ہی کی تو بات ہوتی ہے۔ جب گزر نہ ہو تو پھر آدمی کیا کرے؟ کنیز کا برقع پردہ زیادہ دیر کیا چلتا، اب سلمیٰ بی کے ساتھ باہر اٹھنا بیٹھنا، کنیز کو فرصت ملے اور سلمیٰ کی سائیکل میں پنکچر بھی ہو تو کبھی کبھی لمبی چوڑی سڑک پر چہل قدمی بھی ہو جاتی، کنیز نے ذرا باہر کا قصد کیا اور دادی مردہ چوہے کی کھال جیسا بدرنگ برقع لیے کنیز کے سر پر موجود۔ ایک دن تو حد ہی کر دی۔ بڑی بیگم کے سامنے بولیں، "نا بیوی بغیر برخا عورت دیکھ میرا تو جی جل جاوے ہے۔"

بڑی بیگم بیچاری ہمیشہ دادی کا لحاظ کرتیں۔ اصغری بوا کہتے منہ خشک ہوتا مگر اس بات سے ان کے تن بدن میں مرچیں لگ گئیں، "اے بوا رہنے دو شیخی بگھارنے کو، ہمارے گھرانے میں جیسا پردہ ہوتا تھا بھلا کیا مقابلہ کرو گی، میری لڑکی کی مجال نہیں تھی۔ وہاں کھڑکی سے جھانک لے پر اب دیس چھٹا، وہاں کی باتیں چھٹیں۔ اب کنیز میں کون سا سرخاب کا پر لگا ہے۔ اب تو ایسے ہی گھر بیاہی جائے گی جہاں میاں کے ساتھ سیر کو جائے گی۔۔۔ ویسے بھی میرا کوئی حق نہیں؟ ہم تو تم پر جان دیں اور تم۔۔۔"

دادی چپ ہو گئیں لیکن کنیز نے اس دن اپنا پرانا برقع دھو دھا نمی چھمی کی فراکیں مشین پر بیٹھ کر سی ڈالیں۔ سچ ہے بے چاریاں کب سے پھٹے حالوں پھر رہی تھیں۔۔۔ چلو

مہینہ دو مہینے اس طرح گزر ہو ہی جائے گی۔ اس کے بعد۔۔۔ اس کے بعد۔۔۔ ارے کیا سوتیلے باپوں کے دل میں اللہ رحم نہیں ڈالتا۔۔۔؟ کنیز نے سوچا اور اس کے کلیجے میں ٹھنڈ سی پڑ گئی۔ لیکن گزر ہوتی کیسے، تن ڈھکنے کو ڈھک گئے۔ آہستہ آہستہ پیٹ خالی رہنے لگے۔ دادی کنیز کی صورت دیکھتے ہی دکھڑا لے بیٹھتیں، "اب کہاں سے لاؤں، قسم لے لو جو اب کچھ ہو میرے پاس؟" روز روز کی چلی پکار مچنے لگی۔۔۔ نمی چمی دادی کو چھوڑ رات دن کنیز کے پیچھے لگی پھرتیں، "اماں روٹی، اماں سالن۔" بڑی بیگم ایسی دل والی کہ فوراً اپنے سامنے کی چیز اٹھا کر دے دیتیں اور کنیز شرما کر بچیوں کو اپنے چیتھڑوں گدڑوں کی طرح سمیٹنے لگتی۔۔۔جی چاہتا مارے غیرت کے مر جائے۔

"اے بیٹی مجھ سے کیا غیرت! میرے تو حلق سے نوالہ نہیں اترے گا انہیں بھوکا دیکھ کر، تمہیں ان کی مامتا ہے تو مجھے بھی ہے مگر میں کہتی ہوں بچی تمہیں میرے ہی گھر تو نہیں بیٹھا رہنا ہے۔ اللہ وہ دن لائے گا اپنے گھر بار کی ہو گی، مرد ذات سوتیلے بچوں سے گزر نہیں کرتے، میں تو کہتی ہوں بچی کلیجے پر پتھر رکھ کر ان دونوں کو عشرت نگوڑے کو دے دے، کم بخت کو ذرا پتہ تو چلے کہ طلاق دینا بچوں کا کھیل نہیں۔" بڑی بیگم کنیز کی پیٹھ پر ہاتھ رکھ کر سمجھاتیں۔ کنیز کے دماغ میں تو بات بیٹھ گئی لیکن دادی کسی طرح نہ مانتیں۔ کنیز رو رو کر دادی سے کہتی، "ارے دادی مجھ بد نصیب کے ساتھ کیوں لڑکیوں کی مٹی پلید کرو گی تم اب کہاں سے کھلاؤ گی؟" مگر دادی تو کانوں پر ہاتھ رکھتیں۔

مگر جب ایک دن دادی باوجود دلی خواہش کے اپنا صندوق نہ کھول سکیں اور دن بھر چولہا نہ جلا تو کنیز ضبط نہ کر سکی، "اے دادی اب نکالو نا روکڑ، کیوں لڑکیوں کو عذاب دے کر مار رہی ہو۔" کنیز چلائی اور پھوٹ پھوٹ کر رونے لگی۔

"میری بوٹیاں نوچ لو، اب کیا دھرا ہے میرے پاس، اب اپنی کوٹھی والی میا سے

کھونا۔۔۔" دادی نے ترکی بہ ترکی جواب دیا۔

"رہنے دو، اماں بیگم کا نام کیوں بیچ میں گھسیٹتی ہو، وہ کہاں سے لاویں؟ ان کے پاس ہو تو میرے بچوں سے گریز کرنے والی نہیں وہ۔ کیا کیا کریں وہ، واہ یہ تو وہی سانپ کے بل میں ساہی کے چھپنے والی بات کرتی ہو۔" کنیز کی آنکھیں لال انگارہ ہو گئیں۔

"اچھا تو پھر چل اپنے مراد آباد، مہینے دو مہینے کا پرمٹ تو بن ہی جاوے گا۔" دادی نے آخری حربہ استعمال کیا اور کنیز کا دم نکل گیا۔

"اچھا کرایہ نکالو، پرمٹ بنوالو۔" کنیز اتنا کہہ کر کھاٹ پر منہ ڈھک کر پڑ رہی۔ دادی کا سارا جوش ختم ہو گیا۔ کہیں سے چار جانوں کا کرایہ اور بھی ہوائی جہاز کا، چلو ہو گیا، مان لیا پرمٹ بھی بن گیا۔ پھر وکیل جو کہتا تھا پرمٹ ختم ہونے پر واپسی ہو گی۔۔۔ پھر کیا ہو گا؟

رات کو کنیز نے نمی چمی کو رو رو کر دادی کے ساتھ رخصت کر دیا۔ دادی روتی کپکپاتی چمی کو گود میں اٹھائے نمی کی انگلی پکڑے عشرت کی کوٹھری تک پہنچیں۔ عشرت نے نمی کو تو چوم چاٹ کر گود میں بٹھا لیا اور چمی کی طرف آنکھ بھی نہ اٹھائی بولا، "میں اتنی سی چھچھڑی کو کہاں اٹھائے پھروں۔ اب ایک ہی رکھو۔ مامتا ختم ہو گئی تمہاری؟"

دادی کے پتنگے سے لگ گئے۔ چمی کو زبردستی اتارنا چاہا تو چمی کی چیخوں سے کلیجہ ہل گیا۔۔۔ دادی بغیر کچھ جواب دیے چمی کو لیے واپس آ گئیں۔۔۔ اور کنیز جو چمی کو دیکھ کر گود پھیلائے روتی دوڑی تو بس بیگم کا کلیجہ ہل گیا۔ دادی نے اپنے کپکپاتے سر کو اور ہلا کر کہا، "سچ ہے مامتا بھی کہیں مرے ہے۔" لیکن دو چار دن بعد ہی سوکھی، کمزور، اور آئے دن کی مریض چمی نے ممی کی یاد میں ہڑک کر دادی کی کمر پر رات دن چڑھائی جو شروع کی تو "مامتا" کی طرف سے ان کے خیالات میں بڑی انقلابی تبدیلیاں برپا ہو گئیں۔

"اللہ تیرا پردہ ڈھک لے بچی، اری بدنصیب کا کوئی نہیں ہو رہے ہے، نہ ماں نہ باپ۔۔۔" دادی کی زبردست آہیں کوٹھی کے کونے کونے میں گونج اٹھتیں۔ اور یہ رات دن کے نوحے، یہ آہیں سن سن کر بڑی بیگم کا دل دہل جاتا۔ گھر میں جوان پچھتی بیٹی، ولایت میں پانچ سال کی پڑھائی کے لیے گیا ہوا جوان شیر سا بیٹا۔ اور گھر کے ایک کونے میں افیم کھا کر اونگھتے ہوئے بوڑھے پھونس سسر، اس کوٹھی کے واحد مرد، اس پر غریب الوطنی مستزاد۔۔۔ ان حالوں میں کوٹھی کے اندر دادی کے وقت بے وقت کے نوحے نہ یہ دیکھیں کہ دونوں وقت مل رہے ہیں، نہ یہ کہ اذان کی آواز آ رہی ہے۔۔۔ بس ہمہ وقت دنیا کی بے ثباتی کے نقشے کھنچ رہے ہیں، کوئی سنے نہ سنے، دکھڑے بیان ہو رہے ہیں۔۔۔ بیگم نحوست کم کرنے اور اپنا دھیان بٹانے کو اس سمے زور زور سے سلمیٰ اور الطاف کی شادی بیاہ کی منظر کشی کرتیں۔۔۔ کنیز کے جہیز کی تفصیلات کے بارے میں سلمیٰ سے مشورہ طلب کرتیں۔

"اے بھئی اب تو کنیز بی کا بھی اپنے ہی اوپر فرض ہے، ابھی سے تیاری کریں گے تب جا کر دو چار سال میں ایسا جہیز بنے گا کہ ہزار پانسو والا بھی دیکھ کر خوش ہو جائے۔ سلمیٰ کنیز کے لیے وہ نگوں والا سوٹ کیسا رہے گا۔ اس پر کھلے گا بھی خوب۔۔۔ بالکل سینما کی شہزادی دکھے گی۔ میں تو کہتی ہوں کہ منہ سے یہ کنیز نگوڑی ایسی کچی کچی لگتی ہے کہ اگر کسی کو بچے نہ دکھائے جائیں تو کنواری ہی سمجھے۔۔۔"

چمی کو بڑی بیگم کے دیے ہوئے قلمی آم کھا کر دست لگے ہوئے تھے۔ کنیز کو اپنے کاموں سے اتنی فرصت کہاں کہ اسے پتہ بھی چلتا، ذرا فرصت ملی تو سلمیٰ بی کی ڈریسنگ ٹیبل کے لمبے آئینے کے سامنے کھڑی کامدانی والا دھانی دوپٹہ سینے سے ڈھلکائے دیر سے کنگھی کیے جا رہی تھی۔ خدا جانے کب تک آئینے کنگھے سے جوجھی رہتی، اگر دادی کی چھٹی

ہوئی آواز کمرے میں نہ گھستی، "اری کنیز دیکھ تو سہی نامراد۔۔۔ لونڈیا آنکھیں پھیرے لیوے رہے۔" اور کنیز غرارے میں الجھتی بگٹٹ بھاگی۔ چمی سچ مچ گردن ڈالے دے رہی تھی۔

"ہائے دادی میری بچی کو کیا زہر کھلا دیا، ہائے سب تو چھٹ گئے تھے۔ یہ ایک بھی تمہیں کھل رہی تھی، یہ مر گئی تو مجھے بھی نہ پاؤ گی دادی۔" اسی رات ہسپتال میں چمی چپ چاپ مر گئی۔ کنیز نے مرنے کی بہت کوشش کی۔ سر پھوڑ ڈالا۔ دھانی کا مدانی کا دوپٹہ دانتوں سے نوچ کر چندھی چندھی کر دیا۔ مگر وادی اس سے لپٹی ساتھ ساتھ لڑھکتی پھریں، اسے مرنے کا موقع ہی نہ دیا۔۔۔ دادی کو تو اپنے پالے پوسے کی اتنی آگ تھی، پھر جس نے نو مہینے پیٹ میں رکھا ہو اس کے دل کا حال کون نہیں جانتا۔

کنیز نے کئی وقت کھانے کی طرف نگاہ نہ اٹھائی۔ رو رو کر آنکھیں سوج گئیں کہ وہ پلک اٹھانے سے بھی معذور ہو گئی۔ اس کی یہ حالت دیکھ دیکھ بڑی بیگم کے دوپٹے کا پلو بھی آنکھوں سے نہ ہٹتا۔۔۔ سلمیٰ بی بھی کئی بار کنیز کے گلے لگ کر گھگھیا گئیں اور پھر آنکھوں پر ہاتھ رکھے اپنے کمرے میں بھاگ گئیں۔ مگر کوئی کہاں تک روئے، دریاؤں تک کو نکاس کی راہ مل جائے تو اتر جاتے ہیں۔ پھر بڑی بیگم کی غم خواریاں، وہ رات دن اسی فکر میں گھٹتیں کہ کنیز بچوں کا غم بھول جائے، ایک منٹ کے لیے بھی اسے اپنے پاس سے جدا نہ کرتیں، چپکا بھی نہ بیٹھنے دیتیں، سلمی بی کو بھی اب اس کا انتہائی خیال رہتا۔

"آؤ کنیز دوپٹے میں ستارے ٹانکیں۔" وہ اپنا دوپٹہ لے بیٹھتیں اور کنیز غم کی ماری کٹھ پتلی کی طرح ادھر ہی لگ جاتی، ایک ایک ستارہ یوں احتیاط سے ٹانکتی جیسے اپنے کلیجے کے ناسور نمائش کے لیے رکھ رہی ہو۔

"آؤ بیٹی کنیز، سلمیٰ کے دادا میاں کے پاجامے سی ڈالیں۔" بیگم لٹھے کا تھان اس کے

سامنے پھیلا دیتیں اور کنیز وہاں بھی جٹ جاتی۔ غرض بڑی بیگم اور سلمیٰ بی نے کنیز کا غم بھلانے کے لیے کوئی حد نہ اٹھار کھی، کئی بار بڑی بیگم کنیز کی خاطر سینما تک چلی گئیں۔۔۔ سلمیٰ بی نے اپنے کپڑوں کی الماری کھول دی کہ جو چاہے لے لو۔۔۔ بڑی بیگم نے اپنی چھنگلیا کا سونے کا چھلا تک اتار کر اسے پہنا دیا۔۔۔ اور چپکے سے اس پر جھک کر بولیں، "ہماری کنیز کا دولہا اسی طرح انگوٹھی پہنائے گا۔۔۔"

اور کنیز اس دن چچی کی موت کے بعد پہلی مرتبہ شرما کر کمرے میں بھاگ گئی۔ اور آہستہ آہستہ وہ پھر یو کلپٹس، شیشم اور گولر کے درختوں میں دبکی ہوئی پر اسرار ننھی سی کوٹھی میں چھلاوہ بن گئی۔ ابھی سلمیٰ بی کے کمرے میں ہے تو ابھی باورچی خانے میں بیٹھی سویوں کا زردہ پکار ہی ہے۔ اے لو نظر چوکی کہ وہ بڑی بیگم کے غسل خانے میں غائب، ذرا وقت نہیں لگا کہ بڑی بیگم کا چوڑی دار پاجامہ اور سلمی بی کا دوپٹہ اوڑھے بر آمدے کی چکنی سطح پر گیلا کپڑا الٹا لٹا کر فرش چمکار ہی ہے، اب یہ بھی کوئی تک ہے، نہا دھو کر ایسا گندہ کام؟ بڑی بیگم لاکھ لاکھ کہہ رہی ہیں کہ اری کنیز تجھ سے کون کہتا ہے ایسے کاموں کو۔ بھنگن کن کاموں کے لیے ہے مگر کنیز بھی کسی کی سنتی بھلا۔ بڑی بیگم نے زیادہ بڑبڑ کی تو دوڑ کر نلکے سے ہاتھ دھوئے اور تیل کی شیشی لیے بڑی بیگم کے سر پر موجود کہ ہم تو تیل دبائیں گے۔ بڑی بیگم کی آنکھوں سے محبت نور کی شعاعیں بن کر پھوٹنے لگتیں۔ اور وہ ٹھنڈی سانس بھر کر یہ کہے بنا نہ رہ سکتیں کہ کنیز جس گھر جاؤ گی، اجالا کر دو گی۔ عشرت موا گنوار کالٹھ تیری قدر کیا کرتا؟

"اے تو پھر اب کنیز کے لائق بر ڈھونڈو نا، میرے میاں کے خط آویں ہیں کہ مرتے وخت تو ساتھ دو۔ میں یہاں کب تک جوان لونڈیا کو لیے بیٹھی رہوں۔ نہیں تو میں سوچوں لونڈیا کو ساتھ لے جاؤں رشتے برادری میں بہت لڑکے پڑے ہیں۔" دادی آئے

دن تقاضا کرتیں۔

"اے اصغری بوا، نام نہ لو اپنے رشتے برادری کا۔ تم نے پہلے ہی بچی کی قسمت پھوڑنے میں کوئی کسر رکھی تھی؟ میری زبان نہ کھلواؤ۔ ابھی اس کی عمر ہی کیا ہے۔ اپنی سلمیٰ سے دو تین سال بڑی ہوگی اور بوا جو تم کہو جلدی کی، تو میں جیسے سلمیٰ کے لیے دیکھ بھال کروں گی ویسے ہی کنیز کے لیے۔ اب کوٹھی سے رخصت ہوگی تو ہمارے ٹکر والے کے ساتھ ہوگی۔۔۔ کنیز کے پیاموں کی نہ کہو، کئی مشاطاؤں سے کہہ رکھا ہے، ہر چوتھے اٹھوارے کوئی نہ کوئی سوال کرتا ہے اب میں تمہیں کہاں تک دکھاؤں۔۔۔؟" بڑی بیگم گھنٹوں بڑبڑاتی رہتیں۔

دوسرے چوتھے ہی موٹر سائیکل پر ایک شخص آیا۔۔۔ بڑی بیگم بہانے سے اٹھیں اور دادی کو بلا کر جھنکوا دیا۔

"اچھا تو ہے کر دو۔۔۔" دادی نے خوش ہو کر کہا۔

"لو بیوی، کہہ دیا کرو۔۔۔ میں نے پوچھ گچھ کی، پتہ چلا شراب پیتا ہے۔ میں تو نہ کروں چاہے روز آکر ناک رگڑے۔" بڑی بیگم نے ٹکا سا جواب دیا۔

"کر دو کنیز کی قسمت سے سدھر جائے گا۔" دادی پر تو جلدی سوار تھی۔ انہیں تو اچھا بھلا بھولا سا لگ رہا تھا۔ پھر انہوں نے کاہے کو کبھی ایسا "صاحب" دروازے آیا دیکھا تھا۔ وہ تو کہتیں بدنصیب طلاقن کو کوئی مرد کی شکل جڑ جائے یہی بہت ہے۔

"پھر تم ہی لڑکے سے بات کر لو، میں تو بیچ میں نہ پڑوں گی۔ تمہاری ذمہ داری، پھر شکایت نہ کرنا۔" بڑی بیگم دروازے سے ایک طرف ہو گئیں۔ دادی کلیجہ مسوس کر رہ گئیں انہیں یقین ہی نہ آتا تھا کہ ان کی بدنصیب کنیز کے ایسے سرخاب کے پر لگ گئے ہیں۔ آئے دن بیگم راہ چلتے لوگوں کی طرف اشارہ کر کے بتاتیں، "ارے دیکھو! اصغری

بوا، اس لڑکے کی اماں نے مجھ سے کہا تھا، چاہے کنیز دے دو چاہے سلمٰی۔ نہ بیوی اس سے تو میں کبھی نہ کروں۔ کالا کلوٹا۔"

ہر شخص میں کوئی نہ کوئی عیب۔ دادی اکتا کر رہ گئیں، جہیز کے کپڑوں پر کپڑے بننے لگے، برتن خریدے جانے لگے اور دادی کو ذرا ڈھارس ہونے لگی کہ دنیا میں منہ بولے کی بھی کچھ وقعت ہے۔ انہوں نے اپنے میاں کو لکھوایا، "ارے میاں ذرا صبر کرو لونڈیا کا ٹھور ٹھکانہ کر کے بس چٹکی بجاتے میں پہنچوں گی۔۔۔ پھر چاہے ہم دونوں پاکستان آ کر پڑ رہیں گے۔ لونڈیا کے گھر اپنے لیے ایک کوٹھری تو کہیں نہیں گئی۔"

مگر ایک دن ان کی ساری اسکیم ملیامیٹ ہوگئی۔ دادی اس دن کنیز کی بے توجہی پر بہت بپھری ہوئی تھیں۔ چمی کے مرنے کے بعد بڑی بیگم نے اصرار کر کے دادی کو الگ کھانے پکانے سے منع کر دیا تھا۔ سو اب وہ شرما حضوری کوٹھی کے باورچی خانے سے کھاتی تھیں۔ حمید و بھاگ گیا تھا اور بیگم کہتی تھیں کہ میرے سونے کے بندے لے کر بھاگا ہے۔ پولیس تھانہ کون کرتا مگر انہوں نے آئندہ کے لیے توبہ کر لی تھی کہ مرد نوکر کو ہرگز کوٹھی میں نہ رکھیں گے۔ قریب کا سودا تو دادی مرجی کر لے ہی آتیں، مگر دور بازار جانا ہو تو اس کے لیے وہ مجبور تھیں۔ کنیز نے سلمٰی بی کی سائیکل چلانا تو سیکھ ہی لی تھی۔ ایک دن بولی، "لاؤ دادی سودا میں لے آؤں۔ سائیکل پر دو منٹ لگیں گے۔" دادی کے گھرانے میں بھلا کاہے کو جوان جہان عورتوں کی یہ جرأتیں! آپے سے باہر ہوگئیں۔ "اے لڑکی ہوش کی دوا کرو، کیوں میا باوا کی عزت کے درپے ہووے ہے، کھود کر گاڑ دوں گی اور آہ نہ کروں گی۔"

یہ تو گویا کھلم کھلا بڑی بیگم کی تربیت اور سلمٰی بی کے چال چلن کے خلاف اعلان جنگ تھا۔ حد ہوتی ہے صبر کی۔ بڑی بیگم کو کوئی اور اس طرح کہتا تو جوتی سے منہ مسل

دیتیں اس کا۔ جوتی تو نہ اٹھائی، مگر سنائیں بے بھاؤ کی، "شرم نہیں آتی، اتنی بوڑھی ہو گئیں۔ کوٹھیوں میں رہو گی تو کنجڑوں قصائیوں کی طرح رات دن کی بھاں بھاں نہ چلے گی۔ واہ لے کے ساروں میں ہمیں بدنام کر دیا۔ سننے والے ہمیں بھی تمہارے جیسا سمجھیں گے۔"

"اے دادی تو مجھ بدنصیب کو دم نہ لینے دیویں گی۔ یہ تو مجھے مار کر مریں گی۔ اللہ تو میرا پیچھا کاٹیو ان سے۔" کنیز بھی ضبط نہ کر سکی۔ آخر وہ اتنے دن سے کوٹھی والوں کے خلاف دادی کا معاندانہ اور جارحانہ انداز اپنی آنکھوں سے دیکھ رہی تھی۔ اللہ یہ دنیا فرشتوں پر بھی عیب لگانے سے نہیں چوکتی۔ دادی کنیز کی یہ چوٹ برداشت نہ کر سکیں، خوب لڑیں، اپنے سارے احسان گنائے اور اسی وقت ہندوستان کے لیے پرمٹ کی درخواست دینے نکل کھڑی ہوئیں۔

"اے بڈھا مرنے کو ڈرا دے جوان بھاگنے کو، پر دادی ایسی کہ بھاگنے کو ڈراویں۔ جانیں میرا کون ساتھ دینے والا ہے۔" کنیز کے ان طعنوں کے باوجود دادی نے اپنا پرمٹ بنوالیا۔ دبے دبائے زیور کام آ ہی گئے۔ اگر وہ بھی کھلا دیے گئے ہوتے تو آج مانگے بھیک نہ ملتی۔ چند مہینے سے کنیز کو نہ کھلایا تو آج کنیز کی آنکھیں بدل گئیں، جوتے مارنے کی کسر رہ گئی۔ دادی سوچتیں، کہتے ہیں جس کے پاس دام ہوں اس کا مردہ بھی رونے والے بہت، پرمٹ کے دفتر کے ایک کلرک نے جلد ہی ہوائی جہاز کی ایک سیٹ بھی ریزرو کرا دی، اور دادی اپنی پقچی اٹھا چلنے کو کھڑی ہو گئیں، ہر طرف سے دل شکستہ۔ اپنے میاں کے ساتھ مرنے جینے کو۔

تانگے میں سوار ہونے سے پہلے دادی کا دل بھر آیا، "کنیز میری، قدر ہووے گی۔۔۔ ابھی کچھ نہیں گیا۔۔۔ اپنے جھمکے بیچ کر مراد آباد آ جائیو، مہینہ دو مہینہ میں وہاں

تیرا فیصلہ۔۔۔"

"جانے دو دادی۔۔۔ میری چمی کو مار ڈالا، میری نمی کو چھٹا دیا کہ کھلانے کو نہیں۔۔۔ اب کہاں سے تمہارے کرایے کے نکل آئے، ہائے میا مجھ بدنصیب کو کیوں جنا تھا۔۔۔؟" کنیز نے منہ پھیر لیا اور دادی کا منہ کڑوا ہو گیا۔ تانگہ چلنے پر کنیز باورچی خانے کی جالی سے لگ کر یوں روئی کہ سارے زخموں کی کھرند اتر گئی۔ ٹپ ٹپ خون کی بوندیں گرنے لگیں۔ عشرت، ممتاز، نمی، چمی اور دادی، سب دھم دھم کرتے زخمی کلیجے پر سے اچھلتے کودتے غائب ہو گئے۔ بیگم نے سینہ سے لگایا۔ سلمیٰ بی نے تسلی کے لیے اس کا منہ تک چوم لیا۔ حد تو یہ ہے کہ سلمیٰ بی کے دادا تک نے اس دن اس کے سر پر ہاتھ پھیرا، اور کنیز کے آنسو پلکوں پر ہی جل گئے۔ لیکن وہ کئی دن تک جیسے کھوئی سی رہی۔ وہ کوٹھی کے ایک کمرے سے دوسرے کمرے میں جاتے جاتے رک جاتی۔ سڑک پر نظر ڈالتے ڈالتے آنکھ نیچی کر لیتی۔۔۔ کچھ اس طرح جیسے پنجرے کی تیلیاں ٹوٹ گئی ہوں اور وہ ایک دم کھلی فضا میں پھینک دی گئی ہو۔ اور اب یہ فضا اسے ڈرا رہی تھی۔۔۔ وہ ایک ٹوٹی تیلی اٹھاتی، چومتی، سینے سے لگاتی اور پھر رکھ دیتی۔۔۔ سارے رشتوں سے آزاد ہو کر وہ خود کو کس قدر اجنبی محسوس کر رہی تھی۔

جاڑے کی تیز تیز ہوائیں چلتیں، پیروں تلے آم، گولر، پیپل کے زرد پتے چرمر دب کر ٹوٹتے۔ ہر طرف ایک عجیب سا سناٹا، ایک سوچتی سی ویرانی۔ بڑی بیگم لان میں پلنگ بچھائے، زیادہ وقت پنڈلیوں اور کمر پر تیل کی مالش کرواتی رہتیں، سورج سر پر چمکتا، پھر بھی ان کے جوڑوں میں سردی گھسی درد پیدا کرتی رہتی۔۔۔ انہیں دنوں ایک ڈاکٹر انہیں دیکھنے آیا کرتا۔ بڑی بیگم نے ایک دن تھکی ماندی سی کنیز سے پوچھا، "ڈاکٹر صاحب تجھ کو کیسے لگتے ہیں؟"

اور کنیز ایک عرصے بعد پھر چونکی۔ دادی کے جانے کے بعد پہلی مرتبہ وہ کنواریوں کی طرح مسکرا کر سرخ ہو گئی اور فوراً وہاں سے اٹھ گئی۔ بہت دنوں بعد جیسے پھر اس کے چھوٹے چھوٹے ہاتھوں میں بجلی کی پھرتی بھر گئی۔۔۔ اس نے جی لگا کر باورچی خانے کی صفائی کی، برتن سوکھی راکھ سے اس طرح رگڑ کر مانجھے کہ چاندی کے نئے زیوروں کی طرح چمک گئے۔۔۔ اس کے بعد جھاڑو اٹھائے گھر کی روزانہ صفائی اس محنت سے کی کہ کہیں مکڑی کے جالے کا ایک تار نہ رہ سکا۔ ایک تنکا نہ رہا۔

"اے سلمٰی اے سلمٰی اپنی بہن کا ہاتھ بٹا۔۔۔ بیٹھی کیا دیکھ رہی ہے، دیکھوں گی تو کون سے گھر جائے گی جہاں اٹھ کر تجھے تنکا نہ توڑنا پڑے گا۔" بیگم پکار پکار کر کہتی رہیں اور سلمٰی بی بیٹھی اپنے ناخنوں پر پیازی رنگ کی پالش کرتی رہیں۔ کنیز نے اپنے جی میں سوچا، "سلمٰی بی جیسی کاہل لوتھ تو ماں باپ کی نظر میں بھی گر جاویں ہیں، انسان کا کام پیارا ہووے ہے چام نہیں۔"

کاموں میں جہیز کے کپڑوں کی تیاری بھی تو شامل تھی، کنیز راتوں کو بھی مشین کھٹکھٹاتی رہتی۔ لچکے، گوٹے، ستارے اور آئینے ٹنکتے رہتے۔ بیگم سستی سے ٹانگیں پھیلا کر جماہی لیتیں اور کہہ اٹھتیں، "دیکھیں میری دونوں بچیوں میں سے پہلے کس کا نصیبہ کھلتا ہے؟" اور نصیبہ کھولنے کے لیے کنیز کے حسابوں دوڑ شروع ہو چکی تھی۔ ڈاکٹر صاحب آلہ ہاتھ میں لیے، بیگ جھلاتے آتے، بیگم کی مزاج پرسی کے بعد گول کمرے میں تشریف رکھتے۔ سلمٰی بی اپنا لپا پتا چہرہ ایک خاص زاویے سے اونچا کیے پرانے صوفے پر بیٹھتیں۔ اور ان کے پس منظر میں کنیز نمودار ہوتی۔ جھکی جھکی آنکھیں، چوڑی دار پاجامہ اور پتلی کمر میں پھنسی ہوئی سلمٰی بی کی فراک۔۔۔ ہاتھوں پر چائے کی ٹرے۔۔۔ اس سمے سلمٰی بی خود کو کسی محل کی رانی سے کیا کم سمجھتیں۔ پرانے صوفے سے لے کر کنیز تک ہر

چیز ان کے حسن اور شان میں اضافہ ہی کرتی۔ اور کنیز شرماتی لجاتی، پردوں کے پیچھے غائب ہوتے ہوئے سوچتی، "اے سلمیٰ بی کی بھی کوئی شکل ہے، ٹیڑھا ٹیڑھا نقشہ، اس پر سے مہاسوں کے ٹیلے، اپنے آپ کو پری سمجھیں ہیں کوہ قاف کی۔"

مہینہ نہیں گزرا سلمیٰ بی بی کی بات بھی پکی ہو گئی، اور کڑکڑاتی سردی کی ایک رات کو سلمیٰ بی دلہن بن کر رخصت بھی ہو گئیں۔ بقول بڑی بیگم نصیبے کی بات ہے۔ پہلے سلمیٰ بی کا نصیبہ ہی کھل گیا، اس کے ساتھ ہی بڑے صندوق اور متروکہ جائیداد کی الماریوں کے بڑے بڑے پٹ بھی کھل گئے، پرانی ڈریسنگ ٹیبل نئی پالش سے چمک کر چل دی۔ پرانے صوفوں پر نیا کپڑا کیا منڈھا گیا، وہ بھی گول کمرہ سونا کر گئے۔۔۔ کوٹھی کی طرح سونے، ویران، صندوق اور الماریاں پڑی بھائیں بھائیں کرتیں، اور کنیز کے دل کی حالت تو ان صندوقوں اور الماریوں سے بھی بدتر تھی، شادی کی رات سے کہرسا پڑ رہا تھا۔ ہر طرف ٹھنڈ، ہر چیز گیلی، دوسرے دن جب کنیز نے رات بھر کی جگائی کے بعد، بڑی بیگم کے گٹھیا کے درد کی شکایت سن کر چائے بنانے کے لیے باورچی خانے میں قدم رکھا تو اس کی جلتی ہوئی آنکھیں کہرے سے دھندلائے ہوئے درختوں کی افسردگی اور ویرانی پر۔۔۔

بیگم، کنیز کو تھکے حالوں دکھ کر تڑپ تڑپ جاتیں۔ بیٹی بیاہ کر وہ خود ویران ہو گئی تھیں۔ اب تو کوئی آکر کوٹھی میں جھانکتا بھی نہ تھا۔ پھر کنیز کے پیام کون لاتا۔۔۔ وہ بیٹھے بیٹھے تھک جاتیں تو لیٹ جاتیں، لیٹے لیٹے کمر لگ جاتی تو بیٹھ جاتیں، کنیز جو الگ الگ پھرتی ہوتی، تو اسے پاس بلاتیں گلے لگاتیں، "کنیز تو بھی میرے کولہے سے لگی کب تک بیٹھی رہے گی، ایک دن سلمیٰ بی کی طرح گھر لوٹ کر چلی جائے گی، پھر میں نصیبوں جلی اکیلی کی اکیلی، ہائے جلدی سے وقت گزر جاتا اور الطاف ولایت سے آجاتا۔ اس کے سہرے کے پھول کھلتے دیکھ لیتی۔۔۔"

یہ کہہ کر بڑی بیگم کی آنکھیں پر آب ہو جاتیں اور یہ سب سن کر کنیز کی تھکی ہوئی رگوں میں تناؤ سا آتا جو فوراً ہی ٹوٹ جاتا۔۔۔بس اس کا جی چاہتا کہ وہ کچھ نہ کرے، ہاتھ پر ہاتھ دھرے بیٹھی رہے، یونہی اماں بیگم کی طرح پڑی رہے یا پھر انہی کی طرح بات بات پر رویا کرے۔ گھر میں دھول جمتی گئی، کمروں کے کونوں میں مکڑیوں نے جالے تان لیے اور مزے سے افزائش نسل کرنے لگیں۔ باورچی خانے میں دیگچیاں کالی ہو گئیں۔ بیگم کے سسر دن بھر بغیر حقے کے پڑے اونگھا کرتے۔ وہ اب اتنی زیادہ افیم کھانے لگے تھے کہ ان کو کھانسنے تک کا ہوش نہ رہتا۔ ہر چیز پر ایک جمود، جیسے وقت کچھ تھم کر سوچنے لگا ہو۔

سلمیٰ بی کے میاں کا کہیں تبادلہ ہو گیا تھا۔ کافی عرصے بعد دو دن کے لیے سلمیٰ بی اپنے میاں کے ساتھ آئیں۔ گھر کی حالت دیکھ کر بولا گئیں کہ کیا برا اثر پڑا ہو گا ان کے میاں پر۔ وہ بڑی بیگم سے بات کیے بغیر نہ رہ سکیں، لیکن بڑی بیگم روٹھ گئیں۔ اب کہاں تک وہ اکیلی زندگی کی گاڑی دھکیلتیں۔ صاحب زادی نے تو آکر اعتراض کر دیے۔ بچا ہی کیا ہے جس کے برتے پر وہ دو چار نوکر لگا کر صاحب زادی کی مرضی کا معیار بنائیں۔ سلمیٰ بی کھسیا کر رہ گئیں۔ تیسرے دن سلمیٰ بی اپنے میاں کے ساتھ گرمیاں گزارنے مری چلی گئیں، جانے سے پہلے اپنے پرانے کمرے میں وہ کنیز سے گلے ملیں، اور کہا کہ "میں نے تمہاری شادی میں دینے کے لیے ایسا اچھا سوٹ کا کپڑا ابھی سے خریدا ہے کہ دیکھو گی تو آنکھیں کھل جائیں گی۔" لیکن کنیز ان کے جانے کے بعد بھی اس سوٹ کے بارے میں کوئی واضح تصور قائم نہ کر سکی۔ اس کا دل پلٹ گیا تھا۔ وہ عشرت کو یاد کرنے کی کوشش کرتی اور جب اس کا خیال بھی نہ جمتا تو بس اس کا جی چاہتا آنکھیں بند کیے پڑی رہا کرے۔ موسم بھی تو بڑا سخت گرم تھا۔

"اماں کس کا خط ہے۔" کنیز نے بحری ڈاک سے آئے ہوئے بڑے سے لفافے کو دیکھ کر بے دلی سے پوچھا۔ اسے جانے کیوں ان دنوں دادی کے خط کا انتظار رہتا۔ بیگم نے لفافہ کھول کر ایک بڑی سی تصویر نکالی۔ اچھے بھلے شکل وصورت کے مرد کی تصویر تھی۔ بڑی بیگم نے لپک کر تصویر کو چوم لیا۔

"یہ کون ہیں اماں بیگم۔" کنیز نے جاتے جاتے پوچھ لیا۔

"اے لو تمہیں خبر ہی نہیں، میرا الطاف ہے، میں نے نئی تصویر منگائی تھی۔ اے دیکھو سور نے مونچھیں بالکل صاف کر دیں، کیا برا منہ لگتا ہے۔ مرد کا مونچھ بغیر۔" بڑی بیگم کی آنکھوں میں مارے محبت کے آنسو آ گئے۔ اسی وقت تصویر بغیر فریم کے صوفوں والے گول کمرے میں سجا دی گئی، سلمیٰ بی کے چھوڑے ہوئے البم میں الطاف کی ذرا سی تصویر تھی، جس میں شکل کا پتہ نہ چلتا، پر اب تو ایک ایک چیز صاف تھی۔ جب تک سلمیٰ بی گھر میں تھیں تو ولایت براجے ہوئے الطاف کے اتنے تذکرے نہ ہوتے، لیکن اب تنہائی میں بیگم کو اس کے سوا کچھ سوجھتا ہی نہ تھا، بیٹیاں تو ماباپ کے گھر چڑیا کی طرح بسیرا لیتی ہیں اور پھر اپنے ٹھکانوں کو اڑ جاتی ہیں۔ بیٹا بیٹا ہے دیس میں ہو یا پردیس میں۔ رہے گا ماں باپ کے گھر کا، اور پھر اب تین سال ہی تو باقی تھے پڑھائی کے۔ بیگم ایک ایک دن گنا کرتیں۔۔۔

"اے بیٹا۔ اے بچی کنیز کہاں ہو، ادھر تو آؤ۔" بڑی بیگم کنیز کو پکارتیں۔ کنیز تھکے تھکے قدم اٹھاتی دوپٹے کے پلو سے ہاتھ پونچھتی آتی۔

"کیوں بیٹا، الطاف کے لیے کون سا کمرہ صاف کر لیا جائے، ابھی سے کر لیں ورنہ اس کے آنے کے بعد تو مارے خوشی کے مجھ سے کچھ نہ ہو گا۔" بیگم ہول کر پوچھتیں، جیسے الطاف بس رات کی گاڑی سے وہاں پہنچ رہے ہوں۔

"وہی سلمیٰ بی والا اماں بیگم۔" کنیز بیگم کے دل کی بات کہتی۔

"اچھا تو پھر کل مل کر کمرہ ٹھیک کرلیں گے۔" بیگم طے کرتیں۔ لیکن کنیز اس "کل" کو عموماً اپنے روزانہ کام میں بھول جاتی، یہی کیا، کنیز تو ہفتوں کنگھی کرنا بھی بھول جاتی، عرصے سے وہ بیگم کی صندوقچی میں رکھے ہوئے ننھے سے آئینے میں اپنی صورت دیکھنا تک بھی بھول چکی تھی۔ اسے اب عشرت کی یاد بھی نہ آتی، نہ ممتاز، نہ نمی اور نہ دادی۔۔۔ اور چمی تو جیسے اس کے ہاں پیدا ہی نہیں ہوئی تھی۔ بسا اوقات وہ تو یہ بھی بھول جاتی کہ وہ کہاں بیٹھی ہے اور بیگم جن پر اس کی جان جاتی تھی، اس کی منہ بولی اماں ہیں۔ یا محض ایک سوکھا ہوا پتہ۔ الطاف کا خط مہینوں میں آتا اور جب آتا تو بیگم کی عید ہو جاتی، گٹھیا کا درد بھول کر سارے گھر میں ناچی ناچی پھرتیں۔

تو اس دن بھی الطاف کا خط آیا تھا۔۔۔ بارش کا موسم ختم ہو چکا تھا، اس کے باوجود فضا میں ٹھنڈ کے بجائے گرمی کی امس تھی، کم از کم کنیز کو تو ایسا ہی محسوس ہوتا۔ اس کی پتلی سی ستواں ناک اور اوپر کے ہونٹ پر پسینا ہی پسینا رہتا۔ کھانا تو کھایا ہی نہ جاتا۔۔۔ اس وقت وہ بمشکل آدھی روٹی حلق سے اتار کر بیٹھی تھی، اور اسے جانے کیوں دادی بڑی شدت سے یاد آرہی تھیں۔

"اے کنیز، اے بچی لے اور سن۔" بڑی بیگم پیچھے سے جھومتی جھامتی کنجیوں کا گچھا بجاتی آئیں اور کنیز اس طرح چونکی جیسے وہ عین چوری کرتے پکڑی گئی ہو، دل دھڑ دھڑ کرنے لگا، ان دنوں ذرا سی آواز پر یہی حال ہو جاتا۔

"الطاف میاں نے لکھا ہے اماں اجازت دو تو تمہارے لیے ایک بہو لے آؤں، ایسی بہو کہ انگریز بالکل نہیں لگتی۔۔۔ لو بیوی میری تو کم بختی ہے۔" بیگم کا گلا رندھ گیا، کنیز ایسی بے تعلق سی بیٹھی رہی جیسے باورچی خانے کی کھڑکی میں سے سڑک پر نظر ڈال رہی

ہو۔

"توبہ! اس گھر میں سور کھانے والی بہو آئے۔ اے ایسی بہو تو اٹھ کر کاہے کو کسی کام میں ہاتھ لگائے گی، میاں کی ساری کمائی بیروں خانساموں پر اڑے گی، ہم اپنی ساری جمع جتھا بیٹے بیٹی پر اٹھا کر وہی منھ دیکھتے رہ گئے نا، نابیوی۔۔۔ کاہے کو اجازت دوں گی؟ لکھوں گی مرتے وقت دودھ نہ بخشوں گی، زہر کھالوں گی، پھر میرے بعد جو جی چاہے کرنا۔۔۔ میں اس اولاد کے لیے مرگئی، امید تھی بہو آکر کچھ سکھ دے گی؟" اور بیگم زار و قطار رونے لگیں۔

"اماں بیگم پھر ان کی شادی کر کے کیوں نہیں بھیجا۔" کنیز نے جیسے اعتراض جڑ دیا۔

"اے لاکھ سلیقے والی لڑکی ڈھونڈی، فیشن والیاں، پڑھی لکھی۔ اپنی سلمیٰ بی جیسی تو لاکھ مل جاتی ہیں مگر فیشن کے ساتھ گھر داری کرنے والی بھی تو ہو، شکل و صورت بھی ہو اے بس سمجھو۔۔۔" بیگم خلاء میں نظریں گڑو کر کچھ ڈھونڈنے لگیں (اور کنیز سوچنے لگی پتہ نہیں مرادآباد کا ٹکٹ دادی نے کتنے میں خریدا ہوگا) اور پھر بیگم اچانک خوابناک آواز میں بولیں، "اے بس سمجھو میں تو تمہاری جیسی۔۔۔ ہاں۔" بیگم ہکلا گئیں۔

اور کنیز کے جسم پر تڑ تڑا کر جیسے بجلی ٹوٹ پڑی۔ وہ کتنی دیر تک سن بیٹھی رہی اور پھر جب اٹھی تو مشین کی طرح گھر کے مہینوں سے پڑے ہوئے کاموں میں جٹ گئی۔ اس دن الطاف میاں کا کمرہ بالکل تیار تھا۔ الطاف کا کمرہ روزانہ صبح سویرے چار بجے سے صاف ہوتا۔ اس کے بعد کوئی اور کام ہوتا۔ سارا گھر ایسا چمکتا، جیسے ابھی بن کر تیار ہوا ہو۔ بیگم کا جسم اتنا دبتا کہ گٹھیا کا درد کہیں دبک کر رہ جاتا۔ ان کے سر میں اتنی بوتلوں کا تیل ٹھنک ٹھنک کر خشک ہو جاتا کہ اگر ان کے بال دوبارہ کالے ہو جاتے، یا وہ ایک دن، بیٹھے بیٹھے بی۔ اے پاس کر لیتیں تو کچھ حیرت نہ ہوتی، دعائیں دے دے کر بیگم کا منھ دکھ جاتا، لیکن

کنیز نہ تھکتی، وہ گھر کا خرچ کم کرنے کی ایسی درپے ہوئی کہ بسا اوقات شدید بھوک کے عالم میں روکھی سوکھی کھا کر اٹھ جاتی، بیگم ارے ارے کہہ کر اس کا ہاتھ پکڑ لیتیں، لیکن کنیز نے دھوبی کو بھی جواب دے دیا کہ "واہ ذرا ذرا سے کپڑوں کے دو دو آنے لگا وے ہے۔ اے پیسہ کسی کو کھلے ہے۔" بیگم نے بہت ناں ناں کی لیکن کنیز کے آگے ایک نہ چلی، مگر جب دوسرے دن انہوں نے کنیز کے ہاتھ کے دھلے ہوئے کپڑے پہنے تو "واہ" کہے بغیر نہ رہ سکیں۔

اور اس سب کے باوجود جب وہ عام کاموں سے فرصت پا کر لمحہ بھر کو آرام کی خاطر بیٹھتی تو اس کے روئیں روئیں پر مسکراہٹ کی لہر کھیلتی ہوئی اٹھتی اور اس کے دبلے پتلے زرد چہرے پر پھوار بن کر پڑنے لگتی اور جب وہ اس توجہ سے اپنے خون کے سارے کھولاؤ کے برتتے پر مسکراتی تو اس کا سر چکرا جاتا، ماتھے پر ٹھنڈا پسینہ آ جاتا۔۔۔ اور۔۔۔ ایک دن ایسا آیا کہ وہ اس کیفیت کا بوجھ بھی نہ سنبھال سکی اور باورچی خانے میں بے ہوش ہو کر دھڑام سے گر پڑی۔

ڈاکٹر نے بتایا کہ اس کا خون خشک ہو رہا ہے۔ کئی بہاریں آئیں اور گزر گئیں۔ موسموں کی تبدیلیاں اپنی پوری شدت سے ظاہر ہوتیں اور پھر مر جاتیں، لیکن کنیز ایک مشین کی طرح اپنے کاموں سے چمٹی رہتی۔ بیگم کئی بار اسے دیکھ کر دہل جاتیں، "اری بچی تجھے اپنا کچھ ہوش نہیں، کبھی میرے پاس بیٹھ کر منٹ بھر کمر سیدھی کر لیا کر۔ نگوڑی کچھ کھائے پیے گی نہیں تو پھر روز روز بے ہوشی کے دورے پڑیں گے۔" بیگم ہمدردی سے لبریز آنکھوں سے اس کا تعاقب کرتیں جو ایک ضدی روح کی طرح یوکلپٹس، گولر، شیشم اور جامن کے درختوں میں دبکی ہوئی ننھی سی کوٹھی میں بے تابی سے گھومتی پھرتی۔

بہت سارے دن اور بہت ساری راتیں تیزی سے گزرتی چلی گئیں۔ جیسے وقت

ریل پر بیٹھ کر چلنے لگا ہو۔ سلمیٰ بی پچھلے دنوں آئی تھیں تو وہ دو بچوں کی ماں تھیں اور تیسرا پیٹ میں تھا۔ صاف ستھری لیکن نسبتاً نئی کوٹھی کی منڈیروں پر قت کے اثرات کائی کی شکل میں نمایاں ہونے لگے۔ چمی کی دبائی آم کی گٹھلی سے پھوٹا ہوا درخت نہ ہو گا تو چمی ہی کے قد کے برابر ہو گا، لیکن اس کے چھوٹے چھوٹے پاؤں اس درخت کے پاس سے اتنی تیزی سے گزر جاتے کہ ہوا کے ایک مصنوعی جھونکے سے وہ کانپ کر رہ جاتا مگر یہ تیزی، یہ لپک جھپک تو کنیز کی سرشت بن چکی تھی۔

بھری گرمیوں کی ایک صبح میاں الطاف ولایت سے واپس آ گئے، دنیا کا اتنا بڑا واقعہ، اتنی شدید خوشی، ایک دن ظہور پذیر ہو گئی۔ مارے مسرت کے بیگم کے دو آنسو پلکوں پر آ کر اٹک گئے۔ سلمیٰ بی مارے خوشی کے دادی سے بھی زیادہ زور زور سے بول رہی تھیں اور ان کے بچے اماں کی بے توجہی پر چمی سے زیادہ گلا پھاڑ پھاڑ کر رو رہے تھے۔ سلمیٰ بی کے میاں الطاف سے ولایت کی تعریفیں سن سن کر تھکتے ہی نہ تھے اور کنیز منٹ منٹ پر ہاتھ دھو کر باورچی خانے میں آتی، اور دروازے میں سے جھانک کر ساری رونقیں دیکھ جاتی۔ الطاف سے ایک بار آنکھیں چار کر کے وہ چکرا کر گرتے گرتے بچی تھی۔ "ہائے کیسے دیکھیں ہیں۔" کنیز چھپ کر سوچتی اور باورچی خانے میں جا کر منھ دھونے لگتی۔

"مائی۔ ذرا پانی دینا۔" الطاف میاں نے آواز لگائی۔ ان کا منہ ولایت خوانی کرتے کرتے خشک ہو چکا تھا۔

"اوئی بچے اس طرح نہ کہو۔" بڑی بیگم روٹھ گئیں، "اے وہ تو ایسی سگھڑ ہے، دکھیاری، سمجھو اس کی وجہ سے مہینے کا سارا خرچ پچاس سے کم ہی کم ہوتا، نہ چور نہ چکار۔۔۔ ویسے ہی تمہیں دو دو چار چار سو نہیں پہنچتا رہا۔۔۔ ایسی سلیقے والی ہے کہ کیا کہوں۔" بس بیگم نے کنیز کی تعریفوں کے پل باندھ دیے۔

"ایسی ہی سلیقہ مند ہے خان بہادر وسیم کی لونڈیا، میں تو۔۔۔" اور اس پل پر سے بہو کا ڈولا بھی گزر گیا۔ پر پانی نہیں آیا۔

"اماں پانی تو۔۔۔" الطاف میاں بڑبڑائے۔

"اے پانی نہیں آیا۔۔۔ اوئی کنیز کانوں میں تیل ڈال لیا بچی؟" بیگم بڑبڑاتی اٹھیں۔ پانی نہیں آیا۔۔۔ کنیز اپنا منہ دھونے میں سارا پانی بہا چکی تھی۔ وہ اپنی بے سلیقگی کے بارے میں ذرہ برابر نہیں سوچ رہی تھی۔۔۔ وہ تو درختوں کے سائے میں خزاں زدہ زرد پتوں پر قدم رکھتی سوچتی جارہی تھی۔۔۔ موئے درخت بھی بے فائدہ ہووں ہیں۔ صبح سے کتنی بار پتے سمیٹے، پھر بھی ساری کوٹھی میں پتے ہی پتے۔۔۔

کوٹھی سے نکل کر وہ سول لائنز کی سب سے کھلی سڑک پر آگئی۔ باورچی خانے میں کیسی ٹھنڈک تھی، اسے اپنی ہڈیوں میں گٹھیا کا درد اٹھتا محسوس ہو رہا تھا۔ اس کا دوپٹہ غراتی ہوئی لو میں پھڑ پھڑا رہا تھا لیکن وہ چلتی گئی اور آگے اور آگے اور پھر وہ ہار کر ایک کوٹھی کے پھاٹک سے ٹک کر بیٹھ گئی۔ اس کا حلق پیاس سے خشک ہو رہا تھا۔ لیکن کوٹھی کے دروازے کے قریب ہی لگے ہوئے نل سے پانی پینے کا اسے خیال تک نہ آیا۔ بس وہ بیٹھی ہوئی لوہے کے پھاٹک کی سلاخوں پر اپنی انگلیاں پھرتی رہی، اس کے چاروں طرف لو کے مارے زرد پتے کھڑ کھڑاتے رہے اور لو غراتی رہی۔

کوٹھی کے پھاٹک سے ایک نئی کار نکلی اور رک گئی۔ اس میں سے ایک نئی نئی مہکتی ہوئی بیگم نکلیں اور کنیز کے پاس آگئیں۔ "ارے تم کنیز ہو نا، سلمیٰ بی کے ہاں کام کرتی تھیں؟" نو عمر بیگم نے خوش ہو کر پوچھا، کنیز نے کوئی جواب نہ دیا۔

"کیا نکال دیا انہوں نے؟" بیگم نے آنکھیں نچائیں۔

کنیز پھر بھی چپ رہی۔ بیگم کار کی طرف بڑھیں۔ پھر کچھ سوچ کر پلٹیں۔ "میرے

ہاں رہو۔ کھانا کپڑا میرے ذمے۔۔۔ ماں کی طرح سمجھوں گی۔" بیگم نے کہا۔ اور کنیز حیران رہ گئی۔

"ماں! اس جوان بیگم کی ماں۔ اے کیا کہویں ہیں لوگ، ایک دم سب کے دیدے پٹم ہوگئے کیا۔ ابھی تو میری اصلی عمر تین اور تیس کی ہووے گی۔" اس نے ایک زرد پتہ اٹھا کر پوری قوت سے مٹھی میں چرمر کر دیا۔ پانچ سال کے عرصے میں وہ بوڑھی ہو چکی ہے، اس بات کا اسے یقین ہی نہیں آرہا تھا۔۔۔ اس کی آنکھوں سے چند آنسو ٹپک کر چہرے کی مہین مہین چنٹوں میں پھیل گئے۔ اور کھچڑی بالوں کی ایک لٹ ماتھے پر لوٹتی رہی، منٹ بھر میں اس نے سوکھے پتوں کو مسل مسل کر اپنے سامنے ڈھیر کر لیا۔

***

بے چاری

ابھی ابھی جناب گڈو صاحب گھر میں گھسے۔ گھر سے دفتر تک نہ ہو گی تو دو میل کی مسافت تو ضرور ہو گی۔ اچھی خاصی گرمی کا زمانہ، اس پر سے سائیکل چلانے کی ورزش، گھر پہنچتے پہنچتے سانس بگڑ جاتی۔ جن دنوں یہ حضرت شادی کے ارمان میں سوکھ رہے تھے تو ایک دوست نے نہایت محبت سے مشورہ دیا تھا کہ شادی کے بجائے فی الحال تو موٹر خرید لو۔ موٹر نہیں تو کم از کم ایک بھینس پالو۔ تمہاری پوزیشن کو دیکھتے موٹر ضروری ہے، ورنہ سائیکل چلانے کے لیے خالص دودھ پینا تو اشد ضروری۔

لیکن ان مشوروں کا حشر معلوم، گھر میں نہ موٹر تھی، نہ بھینس، بیوی ضرور تھی! وہ بھی اس وقت غائب تھی۔ ملازم نے بڑھ کر سائیکل تھامی تو گڈو نے مزید سانس لینے کے بجائے ملازم سے پوچھا، "بیگم صاحبہ کہاں ہیں؟"

"ڈاکٹر صاحب کے پاس گئی ہیں۔ کہہ گئی تھیں صاحب کے آنے سے پہلے آجاؤں گی۔" ملازم نے جواب دیا۔ اور گڈو کو واقعی اس وقت تھکن معلوم ہونے لگی۔ فی البدیہہ چائے کو جی چاہا، پھر سوچا شاید وہ آ رہی ہوں۔ دفتر سے آکر اپنے گھر میں اکیلے بیٹھ کر چائے پینا ایسا ہی ہے جیسے کوئی لالہ جی چاندنی رات میں تن تنہا اپنی نہایت بد صورت قسم کی بیوی کے ساتھ انتہائی زور شور کی "واک" فرما رہے ہوں۔ سوچا اتنی دیر میں نہا لیا جائے۔ نل سے پانی گرنے کے شور میں کئی بار محسوس ہوا کہ کسی نے اترا کر پکارا ہے۔ گڈو! نل بند

کر کے سننے کی کوشش کی تو معلوم ہوا محض وہم تھا۔

نہا کر نکلے تو چائے تپائی پر موجود تھی۔ کپڑے بدل کر ایوننگ ان پیرس میں مہک کر بیٹھے تو سوچا کہ چائے ابھی بہت گرم ہے۔ ذرا رک کر پئیں گے۔ سو بے چارے صبح کے اخبارات کا پلندہ اٹھا کر مسہری پر دراز ہو گئے۔ ابھی دو چار چیزیں ہی پڑھیں تھیں کہ نظر ایک عجیب الخلقت بچے کی سرخی پر پڑی۔ گڈو کے لیے ایسی خبریں عموماً غیر اہم ہوتی تھیں مگر اس وقت تو رقیق القلبی طاری تھی۔ اس لیے ذہن فوراً بھٹک گیا۔ "افوہ! ایک ہی بچے میں ان کی صحت کتنی خراب ہو گئی۔ شاید یہ سب آپریشن ہونے کی وجہ سے ہوا ہے۔ یہ بچے آخر انہیں پیدا ہونے پر کون مجبور کرتا ہے جو پیدا ہونے کے لیے بے تاب رہتے ہیں، کالے، پیلے، بکری کے سر والے، کتے کے منہ والے، لعنت ہو۔ شادی کرو تو یہ سب ضرور بھگتو۔ اوہ بے چاری بیگم!

اور گڈو صاحب کی آنکھوں کے سامنے ہسپتال کا وہ کمرہ گھوم گیا، جہاں پر وہ پڑی کئی دن تک روتی چیختی رہی تھیں۔ اور پھر آخر کار آپریشن کی نوبت آئی تھی، اس کا چہرہ کتنا بھیانک ہو گیا تھا، اس نے اپنے ہونٹ کاٹ کاٹ کر سجا لیے تھے۔ اور آنکھیں پھٹ کر رہ گئی تھیں۔ بالکل اپنا بھوت بن گئی تھی۔ اف توبہ بچہ پیدا کرنے کا قدرتی عمل کتنا غیر قدرتی نظر آ رہا تھا۔ اگر وہ مر جاتی تو؟ اور گڈو کی آنکھیں بھیگ گئیں۔

پتہ نہیں ڈاکٹر کے پاس اتنی دیر کیوں لگ گئی۔ کہیں تانگے میں جانے سے طبیعت زیادہ تو نہیں بگڑ گئی۔ کتنی دفعہ کہا ہے کہ ان دنوں ٹیکسی پر آؤ جاؤ۔۔۔ یہ عورتیں ویسے بے تکے پن سے خرچ کرنے میں تو حاتم ہوتی ہیں مگر جہاں کچھ بننے کا معاملہ ہو تو پھر کفایت شعاری دکھانے کی حد کر دیتی ہیں۔۔۔ اس وقت آئے تو سہی اچھی طرح نہ ڈانٹا تو۔۔۔ مگر جب کافی دیر بعد وہ اندر آئی تو گڈو اس کی اتری تھکی صورت دیکھ کر سب بھول

بیٹھے۔۔۔ باہر بے بی کی چیاؤں میاؤں زور شور سے سنی جاسکتی تھی۔ گڈو نے نہایت مہذب شوہروں کی طرح جلدی سے اسے سہارا دے کر مسہری پر لٹانا چاہا، مگر وہ خود کو ذرا بیزاری سے چھڑا کر آرام کرسی پر ٹک گئی۔۔۔ اس کی سانس پھولی ہوئی تھی اور زرد چہرے پر پسینہ تھا۔

خوبصورت تو وہ خیر قطعی نہ تھی، مگر اسے کیا کیجیے کہ وہ گڈو کو اکثر بڑی خوبصورت نظر آتی، خصوصاً جب وہ ذرا تک کے کپڑے پہنے ہوتی، لیکن اس وقت تو بس وہ حور پری لگی۔۔۔ اس لیے گڈو نے قریب بیٹھ کر اس کا ہاتھ نرمی سے پکڑ کر سہلایا۔ مگر اس نے اپنا ہاتھ چھڑا لیا۔۔۔ گڈو نے برا نہیں مانا، بے چارے اس کی اس ادا کے عادی ہوتے جا رہے تھے۔۔۔ بات ہی ایسی تھی۔ گڈو چائے بنانے لگے، چائے تقریباً ٹھنڈی ہو گئی تھی۔

"لو جلدی سے پی لو، ٹھنڈی ہوئی جا رہی ہے۔"

"نہیں!"

"کیوں؟" گڈو نے اپنی پیالی بھی ٹرے میں رکھ دی۔

"جی خراب ہو رہا ہے۔"

"اچھا تو ذرا سی پی لو، دو گھونٹ۔" اس نے دو تین گھونٹ لیے۔۔۔

"ڈاکٹر نے کیا کہا؟"

"کہتا ہے ابھی تک خون نہیں بنتا!"

گڈو کا جی جل گیا، "خون کہاں سے بنے، جتنے ٹانک آتے ہیں، یوں ہی سڑ سڑ کر پھنکتے ہیں، نہ انڈے کھاؤ، نہ دودھ پیو، سبزیاں تو تمہیں کاٹنے کو دوڑتی ہیں۔ ٹہلنے چلنے پھرنے کو کہتا ہوں تو تم چلتی نہیں۔۔۔ در اصل تم خود مرنا چاہتی ہو۔" سچ تو یہ ہے کہ بات کہنے کی ہوگی تو کہی جائے گی، دوا بدمزہ ہوتی ہے، انڈوں سے اس زمانے سے بو آتی تھی جب بے

بی پیٹ میں اودھم مچائے رکھتا تھا۔ مگر اب تو نارمل معاملہ ہے۔۔۔ بھئی اب مرد ذات کا یہی کام تو نہیں رہ گیا کہ بس کھانا اور دوا لیے بیگم صاحب کے پیچھے پیچھے گھومتا رہے۔ گڈو کی اماں کیا غلط کہتی ہیں کہ "ایک تو لڑکا یوں ہی فکروں کے مارے گھلا جا رہا ہے، اس پر سے بہو بیگم کے نخرے! توبہ بیوی ایسا بھی کیا۔۔۔ پہلے زمانے میں تو مردوں کو بھلا اتنی فرصت کہاں، بچہ جنو نہ جنو، تمہارا معاملہ۔ دوا پیو، کھانا کھاؤ، یہ بھی تمہارا ذاتی فعل، لو بھئی اس حالت میں درجن ڈیڑھ درجن کا اوسط بیٹھ جاتا تھا۔ آج کل تو بیوی ایک چھچھڑا جنے تو بس میاں صدقے واری جا رہے ہیں۔ نوج بیوی مردوں ہی نے تو عورتوں کے مزاج بگاڑے ہیں ورنہ مجال تھی۔۔۔"

واقعی، ورنہ مجال تھی کہ گڈو کی اتنی سی بات پر وہ ہونٹ لٹکا کر چائے کی پیالی ٹرے میں رکھ دیتی، اور فوراً رونے پر آمادہ ہو جاتی؟

"اس میں برا ماننے کی کیا بات ہے۔ تم سے تمہارے برے بھلے کو کہا جاتا ہے تو پھر یہ ہوتا ہے۔ کم از کم تمہیں تو عام عورتوں کی طرح۔۔۔"

"ہاں مجھے برا نہیں ماننا چاہیے، میں عام عورت تھوڑی ہی ہوں۔ گائے بھینس ہوں، ارے گائے بھینس کو بھی مارو گے تو سینگ تو لے گی ہاں۔"

"تو میں نے تمہیں مارا، خوب بھئی، کمال ہے۔" گڈو اس بے مار کی توبہ پر بوکھلا گئے۔

"تمہاری باتیں مار سے کچھ کم ہیں، ساس نندوں کی طرح بیٹھ کر طعنے دیتے ہو۔" اس کی پلکیں بھیگ گئیں۔

"اچھا بھئی اگر غلطی ہو گئی تو معاف کر دو۔۔۔ مگر یہ تو بتاؤ کہ ہر ذرا سی بات میں بس تم مظلوم بن جاتی ہو، یہ جذبہ تم میں۔۔۔؟"

"بڑے آئے ماہر نفسیات بننے۔ میری تو جان نکل رہی ہے، اور تمہیں تجزیہ سوجھا ہے۔" اب وہ واقعی دلجمعی سے رونے لگی۔

"ارے جان، میری گڑیا، بس بس۔۔۔ افوہ بھئی، معاف بھی کر دو، میرا یہ مطلب تھوڑی تھا۔۔۔" گڈو بڑے گھبرائے، بہت کسمسائے، بے چارے جب بھی ہمدردی کرنا چاہتے تو نتیجہ اس سے بہتر برآمد نہ ہوتا۔ وہ روئے چلی گئی۔

"مجھے اس وقت سچے دل سے تم سے نفرت ہو گئی۔ ہاں نہیں تو۔۔۔ میری تکلیف کا تمہیں ذرا سا احساس نہیں۔۔۔ اندر سے میرا جی جانے کیسا ہوتا رہتا ہے، بس خودکشی کر لینے کو طبیعت چاہتی ہے۔"

"ارے میری گڑیا جبھی تو کہتا ہوں صحت ٹھیک کرو، صحت ٹھیک ہو تو زندگی سے محبت ہو جاتی ہے۔۔۔ وہ نہیں سنا، تندرستی ہزار نعمت ہے۔"

"نہیں مجھے کچھ نہیں سننا، مجھے ہر چیز سے نفرت ہے، مجھے زندگی نہیں چاہیے۔ اتنی تکلیف دہ زندگی۔۔۔ میں ہسپتال کا وہ کمرہ کیسے بھول جاؤں۔۔۔ ابھی تک وہی تو بھگت رہی ہوں۔۔۔ لعنت ہے ہزار بار تھو ہے ایسی زندگی پر۔۔۔" گڈو اس کی اس روانی طبع کے آگے تنکے کی طرح بہنے لگے، بڑے ہولائے۔ سہارے کے لیے اسے گھسیٹ کر اپنے پاس بٹھانا چاہا، "ہائے گھسیٹو نہ۔۔۔، درد ہوتا ہے۔۔۔ بے درد کہیں کے۔۔۔" اس نے سچ مچ نفرت اور غصے سے گڈو کو گھورا۔

"اوہ معاف کرنا۔۔۔ اچھا آؤ یہاں میرے پاس آرام سے بیٹھ جاؤ۔۔۔ لاؤ میں تمہارا سر دبا دوں۔۔۔"

"نہیں تم مجھے نہ چھوا کرو، ورنہ میں دیوانی ہو جاؤں گی۔۔۔ خود غرض ہو تم، تمہارا کیا جائے گا اور مجھے پھر موت کے منہ میں گھسنا پڑے گا۔"

"اب دیکھو تم زیادتی کر رہی ہو جان۔۔۔ میں کب اتنی جلدی بچے کے لیے مر رہا تھا۔ تم ہی کو تو مامتا پھڑکا رہی تھی۔۔۔ اللہ سے مانگا تھا مل گیا۔۔۔" اب گڈو کہاں تک ہر معاملے میں اپنے سر الزام لیتے؟

"اچھا جاؤ میں نے ہی چاہا تھا، ہر عورت بچہ چاہتی ہے تو اس میں گناہ کیا ہے؟ مگر اب نہیں چاہیے، کان پکڑے، توبہ کی، خوب سزا مل گئی۔"

"تو میں کب چاہتا ہوں، میری تم سے زیادہ توبہ۔" گڈو نے مسخرے پن سے اپنے کان پکڑ کر توبہ کی۔۔۔ مگر وہ تو بس ماش کے آٹے کی طرح اینٹھی رہی۔

"واہ کسی کی جان پر بنی ہوئی ہے اور تمھیں مذاق سوجھا ہے۔ مجھے تو ڈر کے مارے رات رات بھر نیند نہیں آتی۔" اس نے چھکوں پھکوں رونا شروع کر دیا۔ لو اب بھلا کیا ہو، سوائے اس کے کہ انسان دیوانہ ہو جائے، اس پر بھی گڈو نے اسے سینے سے لگا کر تسلی دینا چاہی۔

"ہائے۔۔۔ میرے اللہ! میں نے کہہ دیا کہ بس مجھے نہ چھوؤ۔۔۔ تمہارے ہاتھ مجھے کانٹوں کی طرح چبھتے ہیں۔۔۔ اگر تمھیں میرا ذرا سا خیال ہو تو بس یہ سمجھ لو کہ۔۔۔ بس تم مجھے چھوا نہ کرو۔۔۔"

"انہہ ہوں، کیا باتیں کر رہی ہو، خواہ مخواہ۔۔۔ شرمندہ کر کے رکھ دیتی ہو، مجھے بالکل جانور سمجھتی ہو۔۔۔ ارے بھئی میری دلی خواہش ہے کہ بس تم اچھی رہو۔" گڈو نے صمیم قلب سے اعتراف کیا۔

"خاک۔۔۔ میں خوب سمجھتی ہوں، ابھی میں ذرا ڈھیل دوں تو بس۔۔۔ تمہارا کیا جائے گا میں تو مر رہوں گی۔۔۔ میری رگوں میں خون نہیں رہا، اٹھتے بیٹھتے چکر آتے ہیں، ابھی تک سیدھا ہو کر چلا نہیں جاتا۔" اس نے پھر رو رو کر بین شروع کر دیا۔ اسی وقت

دوسرے کمرے میں بے بی بلک بلک کر رونے لگا۔

"آپا، بے بی کو لے آؤ۔" وہ غصے سے چیخی۔

"آپا، بے بی کو نہ لاؤ۔" گڈو اس سے بھی زیادہ زور سے چیخے۔

"کیوں طنطنہ کس بات کا دکھا رہے ہو؟ اسے دودھ نہ پلاؤں، بھوکا ماردوں، کیا مرضی ہے تمہاری؟ ایک تو اس بدنصیب کو دودھ ہی کون سا منوں نصیب ہو رہا ہے۔" اس نے آنسو پونچھ کر دھیمی مگر فیصلہ کن آواز میں پوچھا۔

"مر جائے اچھا ہے، ایسی کمزوری میں اپنا دودھ دینا کچھ فرض ہے، جب ڈاکٹر نے کہہ دیا کہ ڈبے کا دودھ پلاؤ تو۔۔۔"

"اے گڈو ذرا زبان سنبھالو۔ وہ کیوں مر جائے، اس کا برا چاہنے والے مریں۔ آخر وہ تمہیں کون سی تکلیف دیتا ہے جو آنکھوں میں کھٹک رہا ہے؟"

"تمہیں راتوں کو رو رو کر جگاتا ہے بدتمیز! اسی لیے تو تم اور بھی چڑچڑی ہو گئی ہو۔ سوکھ کر بلی جیسی ہوئی جا رہی ہو۔"

"رہنے دو مجھ سے ہمدردی جتانے کو۔۔۔ واہ اچھی دشمنی ہے۔۔۔ نو مہینے لے کر اپنے پیٹ میں رکھا ہوتا اور پھر چار دن چیخ کر۔۔۔ پھر پوچھتے کہ اب گلا گھوٹنے کے بارے میں کیا خیال ہے۔۔۔! بڑے آئے۔۔۔"

"اسی لیے تو اس نالائق پر مجھے اور بھی غصہ آتا ہے کہ یہ ماں کے پیٹ میں رہنے کی بجائے باپ کے پیٹ میں کیوں نہیں رہا۔" گڈو اپنی ہنسی نہ روک سکے۔ مگر ادھر غصے کو لگام نہ ملی۔۔۔ بولیں، "واہ غصہ کرو، کوسو کاٹو اپنے پیاروں کو، میرا یہی تو ایک بچہ ہے، یہی میری زندگی کا آسرا ہے۔ میری آنکھوں کا نور۔۔۔ میرا یہی سلامت رہے، اب مجھے موت بلانے کو اور بچے نہیں چاہئیں۔ میں تو اپنے اس لال کے لیے اپنی زندگی کی بھوکی

ہوں، اسی طرح کبھی ہسپتال میں چیخ چیخ کر مر گئی تو تمہارا کیا جائے گا، تم دوسری کر لاؤ گے۔ اور وہ تمہارے لیے بچوں کی فوج تیار کر دے گی۔۔۔" اب اس نے ہچکیاں لے لے کر رونا شروع کر دیا۔

گڈو کی سمجھ میں نہیں آ رہا تھا کہ وہ اس وقت کس طرح ہمدردی کریں۔ انہیں اس مچلی ہوئی عورت کے جذبات کے الجھاؤ کا پورا پورا احساس تھا۔ معاملہ کافی سنجیدہ تھا، اور وہ خود ایک ڈاکٹر کی طرح اس معاملے کو سمجھ رہے تھے مگر پھر بھی وہ حیران تھے کہ اپنی تائیدی رائے اس وقت کیونکر اس کے دماغ میں ٹھونسیں۔ جو بات کرتے الٹی پڑتی، چمکارنا، سہلانا چاہا تو محترمہ کے احساس کی کڑیاں ایک اور بچے کی پیدائش سے جا کر ملنے لگیں۔۔۔ بچے سے نفرت کا اظہار کیا تو اور بھی غضب ہو گیا۔ پھر کیا اب سر کے بل کھڑا ہوا جائے۔ چائے ٹھنڈی برف ہو چکی تھی۔ گڈو نے سہارے کے لیے ایک سگریٹ سلگایا، اور جلدی جلدی کش لگانے لگے۔۔۔ دفتر سے کیا کیا ارمان لے کر چلے تھے کہ شام اس طرح گزاریں گے۔ اس طرح گزاریں گے۔۔۔ مگر یہاں کوئی تک نہیں۔۔۔ گڈو نے ایک طویل ٹھنڈی سانس لی اور نرم نرم گھنگھریالے بالوں میں انگلیاں پھنسالیں۔

"ہاں اب منہ بنا کر بیٹھ گئے۔ میں تمہیں مجبور نہیں کرتی۔ میں جانتی ہوں کہ تم میرے ساتھ موجودہ صورت حال میں خوش نہیں رہ سکتے۔ تم کیا کوئی مرد بھی نہیں رہ سکتا۔ میری بد نصیبی! تم دوسری شادی کر لو۔ میں تمہارے گھر کے ایک کمرے میں اپنے ننھے کے ساتھ رہ کر جی لوں گی۔۔۔ تمہیں خوش دیکھ کر میں خوش ہو جایا کروں گی۔" اس کے تھکے ہوئے بیمار چہرے پر صدیوں پرانی عورت کا روایتی ایثار نور بن کر جھما جھم برس رہا تھا۔

"افوہ بھئی، تم کتنی عجیب ہو، تمہیں خود کو تکلیف پہنچا کر کیا مزا آتا ہے۔ اب اس

وقت دوسری شادی کا کیا سوال اٹھ بیٹھا؟"

"اب صورت حال تبدیل ہونے سے رہی، بیوی صرف کھانے پہننے بھر کی تو نہیں ہوتی، اب بنو نہیں! ایک نہ ایک دن یہ سوال اٹھے گا، مرد ذات۔"

"جہنم میں ڈالو، دو سال پہلے بھی شادی کے بغیر جیا تھا۔"

"ہنھ! جب کی اور بات تھی۔"

"اب میں تمہیں کیسے سمجھاؤں۔ بابا ان چیزوں کے بارے میں مت سوچا کرو۔ تم رات دن یہی فضول باتیں سوچ کر کڑھتی ہو، اسی لیے تو خون نہیں بنتا۔"

"کڑھوں کیسے نہ، جو مجھ پر گزر رہی ہے بس میں ہی جانتی ہوں۔ ایک طرف گھریلو جنت ہے۔ جس کے پیچھے بچے کی صورت میں موت چھپی بیٹھی ہے۔ دوسری طرف۔"

"جہنم میں جائے یہ شاعری۔۔۔ ارے بابا ضروری تو نہیں کہ درجنوں بچوں کے بغیر میاں بیوی کی نہ بنے۔۔۔ میں کہہ چکا مجھے اور بچے نہیں چاہئیں۔"

"تم نہ چاہو جب بھی بچہ ہو سکتا ہے، اور میری موت آجائے گی۔ یقینی بات تو کچھ نہیں۔"

"ہے کیوں نہیں، میڈیکل سائنس۔۔۔"

"بالکل نہیں۔ تم مجھے بے وقوف نہ بناؤ۔"

"اچھا سب باتوں کو جانے دو، آؤ ہم عہد کرلیں کہ ہم دونوں دوستوں کی طرح زندگی گزاریں گے۔ بس اب مطمئن ہو جاؤ۔" گڈو نے نہایت آسمانی قسم کے لہجے میں کہا، اور اپنی گڑیا کا ہاتھ زور سے دبایا۔۔۔!

"پھر۔۔۔ ہائے اللہ ابھی کہا تھا دوستوں کی طرح۔۔۔؟"

"تو کیا دوست ایک دوسرے کو چھوتے نہیں؟"

"ہمیں ایسا ہی دوست ہونا چاہیے۔۔۔ مجھے ڈر لگتا ہے اگر کہیں؟"

"نہیں اس کی شرط نہیں۔ اب ایام جاہلیت کی باتیں نہ کرو۔ پھر تم کہو گی کہ ہم الگ الگ گھر میں رہیں۔ پھر کہو گی میں تم سے پردہ کروں گی۔ بھئی مجھ پر بھروسہ کرو۔"

"وعدہ ہے، پکی بات، دیکھو پھر نہ جانا۔"

"تمہیں بھی ایک وعدہ کرنا پڑے گا!"

"کیا؟"

"دوا وقت پر پیو گی، خوب کھاؤ گی، میرے ساتھ سیر کو جایا کرو گی اور کچھ سوچا نہ کرو گی۔۔۔ تاکہ تم جلد از جلد نارمل ہو جاؤ۔"

"ہوں اب دیکھو، تم سمجھتے ہو کہ میں ان دنوں پاگل ہوں۔۔۔ جلدی سے دماغ درست ہو جائے تاکہ۔۔۔ آں؟"

"نہیں ہرگز نہیں! اب دوسری بات سنو، بے بی کی زیادہ فکر نہ کیا کرو، ابھی سے اس کے اتنے لاڈ کرو گی تو بالکل بگڑ کر رہ جائے گا۔ ایسے بچے بڑھ کر دو کوڑی کے نہیں رہتے۔"

"واہ، اب تم نے ماں بچے کے تعلقات میں دخل اندازی شروع کر دی، میرا ایک ہی بچہ ہے۔ میں خوب جانتی ہوں اس کی بہتری کے لیے مجھے کیا کرنا ہے۔"

"تو اس کا مطلب یہ ہے کہ باپ کو محبت نہیں ہوتی اپنے بچے سے؟"

"کیا معلوم ہوتی ہے یا نہیں؟ ماں کے برابر نہیں ہوتی۔ کبھی نو مہینے جھیل کر جنم دو تو پھر پوچھیں۔۔۔ ابھی تم نے اسے کوسا تھا، میرا کلیجہ پھٹ گیا تم سے۔"

"اے لو، پھر وہی باتیں۔ اچھا بابا، خوب لاڈ پیار کر کے ستیاناس کرو اس کا۔ چونکہ میں نے اسے نو مہینے پیٹ میں نہیں رکھا، اس لئے مجھے محبت کرنے کا کیا حق ہے؟" گڈو

نے اب سنجیدگی سے منہ پھلایا۔

"ہاں اگر محبت ہوتی تو اس کے لئے کچھ کرتے نا۔۔۔ کہا تھا ایک بچہ گاڑی خرید دو، اسے لٹا کر سیر کو بھیجا کریں گے، گود میں لدے لدے بچے کی عادت بگڑ جاتی ہے، تو جناب نے نوٹس تک نہ لیا۔ تمہیں تکلیف تھوڑی ہوگی، اگر آیا کبھی چلی گئی تو مجھے ہی کندھے پر لادے پھرنا پڑے گا۔"

"نوٹس کیوں نہیں لیا تھا۔۔۔ میں نے کہا تھا کہ بجٹ ذرا گڑبڑ ہے، دو ایک مہینے میں لے لیں گے، مگر اب تم نے جھوٹ بولنا بھی سیکھ لیا ہے۔ اور پھر میں پوچھتا ہوں کہ تمہیں ایسا ہی چاؤ تھا تو خود جا کر گاڑی خرید لاتیں۔ دیکھو جان۔۔۔ تمہیں معلوم ہے کہ دفتر سے آ کر میں تھک جاتا ہوں، وقت بھی اتنا نہیں ہوتا کہ۔۔۔"

"ہاں اگر محبت ہوتی تو وقت نکل سکتا تھا۔۔۔ میں بیمار ہوں، اس حالت میں بازار میں گھومتی پھروں۔۔۔ جھک مار کر میں ہی گئی آج۔۔۔ پھر کہتے ہو مجھے مظلوم بننے کی عادت ہے۔" اس کی پلکیں پھر بھیگیں۔

"اچھا جبھی تو میں کہوں کہ آج میری گڑیا کیوں اس قدر چڑچڑا رہی ہے۔ بازار گئی تھیں۔۔۔ گاڑیاں دیکھیں۔۔۔ کوئی پسند آئی؟ پہلی تاریخ کو چل کر لے آئیں گے۔"

"ہر کام پہلی پر ٹالو۔۔۔" وہ بدبدائی۔

"آیا! بے بی کو لے آؤ۔" اب وہ گویا ہر طرف سے بے تعلق ہو گئی۔ آیا صاحبہ خوشی سے نہایت فراخ قسم کی ہنسی ہنستے ایک بچہ گاڑی اندر دھکیلتے اندر تشریف لائیں۔

"اوہو۔۔۔ تو یہ کہو تم گاڑی لے بھی آئیں۔" گڈو حیران ہو کر کھڑے ہو گئے۔

"خوب بھئی! ایسی بیویاں سب کی ہوں تو گھر جنت لگنے لگے۔"

وہ کچھ نہ بولی۔ اس نے بچے کے لیے ہاتھ پھیلا دیے۔ بچے نے گاڑی سے اٹھائے

جانے پر شدید احتجاج کیا، مگر ماں کی گود سونگھ کر کوں کوں کرنے لگا۔ گڈو نے ہر طرف سے گھوم پھر کر گاڑی کو دیکھا۔ انگلی سے چھوا، ہتھیلی پھیری، پھر اس پر زور دے کر اسپرنگ کی مضبوطی آزمائی۔

"بڑی خوبصورت ہے، کیوں کتنے کی ملی؟" اس کے بجائے آیا نے جواب دیا، "ایک سو چالیس کی جی!"

"میں تو کہوں تھی جی، چھوٹی گاڑی لے لو، پچاس روپے کی تھی، بالکل کرسی لگے تھی۔ پھر بھی میم صاحب بولیں چھوٹی گاڑی میں ایک بچہ بیٹھ سکے گا۔ فر میں کہا جی یہ بات تو ہے۔ ہمارا بے بی چاہے پاؤں چلے، پر جی جب چھوٹا بے بی گاڑی میں بیٹھے گا تو ہمارا یہ بے بی جد کرے گا۔ اس واسطے جی بیگم صاحب بولیں بڑی گاڑی لینا چہیے۔ دیکھو جی صاحب بہت بڑا گاڑی ہے، دو تین بے بی تو بیٹھ جائے گا۔۔۔ کیوں جی صاحب!" آیا نے داد طلب نظروں سے گڈو کو دیکھنا شروع کیا۔ گڈو پہلے تو حیران ہوئے، پھر سٹپٹا کر مسکرانے کی کوشش کی، اور پھر اچانک قہقہوں پر قہقہے کر ہنسنے لگے۔

وہ بے بی کو دوپٹے میں چھپائے کرسی پر آلتی پالتی مارے سنجیدگی سے بیٹھی تھی۔ گڈو کو اس کا یہ روپ پہلی بار اتنا نیا، اتنا پیارا، اتنا خالص اور اتنا نکھرا ستھرا لگا جیسے نیلے طوفانی سمندروں کا جھاگ۔ وہ جھاگ جو لہروں کے اترنے پر کسی چٹان پر پڑا مزے سے سارا تماشا دیکھ رہا ہو۔

***

کمینی

شام کے بڑھتے ہوئے اندھیرے میں۔۔۔

"نکل حرام زادی۔۔۔ نکل تو کمینی۔۔۔ بھاری اور کراری آوازوں کے ساتھ ساتھ شرم و حیا کے بوجھ سے دبی ہوئی مہین مہین آوازیں اسی ایک جملے کو اونچے نیچے سروں میں رٹتے رٹتے بھیانک ہو گئیں۔۔۔ گھر کے اندر سے اس جملے کے علاوہ دھمک دھیا کا شور بھی اٹھ رہا تھا جیسے وہاں سب کے سب مل کر بڑھتی ہوئی سردی کے استقبال کے لیے موٹے موٹے لحافوں سے گرد جھاڑ رہے ہوں۔۔۔ لیکن اصل بات یہ نہ تھی کیونکہ تھوڑی ہی دیر بعد اندھیرے ڈیوڑھی کے پاٹوں پاٹ کھلے ہوئے دروازے میں سے نچے کھچے کپڑوں میں لپٹا ہوا کوئی دھم سے پکی گلی میں آگرا تو چاندی کی موٹی موٹی جھانجھیں اور چوڑیاں بڑی دلچسپ آواز میں بج اٹھیں۔۔۔ بھلا اس محلے میں سوائے چھٹکی کے کس کے زیور یوں بیچ گلی میں بج سکتے ہیں؟

دھڑاک دھڑاک کر کے دروازے کے دونوں پٹ بھنچ گئے۔۔۔ گلی میں دورویہ مکانوں کے کچھ دروازے کھلے، چھوٹے بڑے چہرے جھانکے، آنکھوں میں حقارت آمیز ہمدردی جھلکی اور پھر کچھ نہیں۔۔۔ اچھا ہوا۔۔۔ اپنی اوقات بھول گئی تھی کمینی۔ بڑی آئی تھی کہیں کی بیگم بن کر گھر میں براجنے۔ پر یہ نہیں جانتی تھی کہ بیگمیں پیدا ہوتی ہیں بنا نہیں کرتیں۔۔۔ اور یہ پیدا بھی ہوتی ہیں تو صرف اونچے گھرانوں میں۔۔۔ مطلب یہ

کہ جو ذات پات میں اونچے ہوں اور جن کے ہاں چاندی کے سکے چمکتے کھنکتے ہوں۔ یہ نہیں کہ ذات کے تو فقیر جنہیں اللہ میاں نے دوسروں کے آگے ہاتھ پھیلانے کو دنیا میں اتارا ہو وہاں بیگمیں پیدا ہونے لگیں۔۔۔

ابھی چند سال پہلے کی تو بات ہے کہ انہی گلیوں میں یہی چھٹکی مزے سے "اللہ بھلا کرے" کی روٹی کھاتی تھی۔ باوا نے اس ایک صدا پر اتنا پایا کہ مرتے وقت قصبے کے قبرستان کے قریب اپنی زمین چھوڑی اور اس پر کھنچی ہوئی کچی چہار دیواری۔۔۔ بھلا کوئی ایم، اے۔بی اے تو اس زمانے میں تمام عمر نوکری بجانے کے بعد اپنی قبر بنوانے کے لیے دو گز زمین خرید چھوڑے؟ مگر جب کسی کی شامت آنا ہوتی ہے تو عقل پر پتھر پڑ جاتے ہیں۔ یہی ہوا چھٹکی کے ساتھ، کہ باوا کی آنکھ بند ہوتے ہی "چھٹکی" سے "بڑکی" بننے کا خبط ہو گیا۔ وہی بات کہ جب چیونٹی کی موت آتی ہے تو اس کے پر نکل آتے ہیں۔۔۔ نہ جانے کم بخت کے گول مول سر میں یہ بات کدھر سے گھس گئی کہ بھیک مانگنا اچھا نہیں۔

فرض کیا کہ اکثر لوگ بجائے بھیک دینے کے اسے جھڑک دیتے تو کوئی اور حرکت کرتے، تو اس میں برا ماننے کی کون سی بات تھی؟ جب پیشہ ہی ایسا ٹھہرا تو اتنی اونچی ناک لے کر چلنے سے فائدہ۔۔۔ اور رہا جمن کا۔۔۔ وہی جمن بھکاری۔۔۔ اگر اس پر جان دیتا تھا تو اس میں گھبرانے کی کیا ضرورت تھی۔ وہ بے چارہ جب دیکھو جب اپنی سدا بہار پھڑیوں سے بھرا ہوا لمبا سا جسم لہراتا صدقے ہوا جارہا ہے۔

"اری دیکھ نا چھٹکی!" وہ گھگھیا کر کہتا، "اکیلی رہتی ہے گھر پر، تجھے ڈر نہیں لگتا۔ سالا جمانہ کھراب ہے جو کبھی کوئی، آڑی بیڑی، پڑ گئی تو تیرے ابا کی روح گور میں کلبلائے گی۔ تو میرے ساتھ رہ۔۔۔ میں سالی عیدن کو چٹیا پکڑ کر نکال دوں گا اپنے گھر سے، جو اس نے بیاہتا ہونے کے گرور میں کبھی تجھ سے جرا بھی چیں چپڑ کی، تو بلا کھٹکے آ کے رہ۔۔۔ مجے

میں ہم اکٹھے بھیک مانگنے نکلا کریں گے۔ پھر تو کوئی تجھے نجر بھر کر دیکھ جائے، اللہ کسم چھٹکی! یوں آنکھیں نکال لوں یوں۔۔۔" اور یہ کہتے کہتے جمن کا ہاتھ جس پر یہاں سے وہاں تک سرخ سرخ پھڑیاں سلسلہ کوہ کے مانند پٹی پڑی تھیں، بڑھ کر کچھ ایسی، آڑی بیڑی، ڈالتا کہ چھٹکی کے چھکے چھوٹ جاتے اور پھر وہ دل ہی دل میں ہزاروں قسمیں کھاتی کہ "اب جو گھر سے قدم نکالوں تو کوڑھی ہو جاؤں، اللہ کرے، بھلے ہی مر جاؤں بے دانہ پانی گھر میں بند پڑے پڑے۔"

اب بھلا کوئی سوچے کہ کم بخت بیٹھ جاتی جمن کے گھر تو کیا برا تھا۔ نہیں تو کیا اسے کوئی دھلا دھلایا جوان مل جاتا برادری میں؟ مزے سے باپ دادا کے پیشے سے کھاتی اور جمن کو بھی کھلاتی لیکن وہاں تو "بڑکی" بننے کی سوجھ رہی تھی۔ دو دن اپنے گھر میں بند پڑی رہی۔ جمن دن بھر میں بیسیوں پھیرے کرتا اور آخر کواڑ پیٹ کر چلا جاتا۔۔۔ ایسی تو خوب صورت بھی نہ تھی کم بخت، بس ذرا جوانی تھی۔ کھلتی ہوئی کلی مگر گھورے کی۔ اس پر یہ دماغ، جمن اچھا نہیں، بھیک مانگنا اچھا نہیں، تو پھر اچھا کیا تھا؟ اے لو! بس ایک دن جمن کے کان پڑی کہ چھٹکی نے چار روپیہ مہینہ اور کھانے کپڑے پر ایک کھاتے پیتے گھرانے میں دن رات کی نوکری کر لی ہے۔

بس غریب جمن منہ پیٹ کر رہ گیا۔ غصہ اتنا ضبط کیا کہ رات بھر میں اس کے جسم کی ساری پھڑیاں خون پیپ سے پچپچا گئیں۔ مگر چھٹکی تو ایسی خوش تھی کہ جیسے سارے جہان کی دولت پا گئی ہو۔ بات بات پر دانت نکلے پڑتے تھے اور زمین پر تو جیسے قدم رکھ ہی نہ رہی تھی۔ صبح سے لے کر شام تک کولہو کے بیل کی طرح کام میں جتی رہتی۔ رات کو کہیں گیارہ بجے اپنے کھٹولے پر جانے کی نوبت آتی اور پھر صبح اذان کے وقت سے وہی دھندا۔ سانس لینے کی بھی مہلت نہ تھی۔ اس پر بھی کم بخت کی خوشی کا عالم یہ کہ چلو در در

صدا لگانے سے تو یہی اچھا ہے۔ اب گھر کی بیبیوں کے علاوہ تو کسی کی کڑوی کسیلی سننے کی نوبت نہیں آتی اور سب سے بڑی بات تو یہ کہ اس گھٹلی دار جمن کے چونچلوں سے جان بچی۔ مزے سے گھر میں بیٹھی ہوں۔ اب جمن کی ہمت نہیں کہ ادھر جھانک بھی لے۔

چند مہینے تو وہ اس خوشی کے چکر میں پھنس کر خود کو بھی بھولی رہی۔ لیکن پھر ایک سمجھی بوجھی چبھن نے اسے خطرناک طریقے پر ستانا شروع کر دیا۔ جب وہ بھیک مانگا کرتی تھی تو "اللہ بھلا کرے گا ایک روٹی یا ایک پیسہ مل جائے۔" کی صدا لگاتے ہی اکثر گھروں سے اور چیز بھی بلا مانگے ہی مل جایا کرتی تھی۔ وہ چیز جس سے کبھی تو وہ نفرت کرتی اور کبھی محبت۔۔۔ سنسان گلیوں کی بیٹھکوں میں لیٹے بیٹھے یا حقے سے شوق فرماتے ہوئے کوئی بزرگوار اگر اسے دیکھ کر عاشقانہ تبسم کے ساتھ اس کی ہتھیلی پر پیسہ رکھتے ہوئے اس کے گول مول ہاتھ کو سہلا دیتے تو اسے ایسا لگتا کہ اس کے تلووں کے نیچے آتش بازی کے دو انار چھوٹ رہے ہیں۔ سرررسررر۔۔۔ اور چنگاریاں ہیں کہ سیدھی دماغ میں جا کر بجھ رہی ہیں۔۔۔ اس موقع پر اس کا جی چاہتا کہ دو چار ننگی گالیاں دے کر پسیجا ہوا پیسہ تاک کر اس طرح مارے کہ مچی ہوئی آنکھ ہمیشہ کے لیے مچ جائے۔ مزا آجائے جو میاں جی اپنی مچی ہوئی آنکھ کی وجہ سے اپنی بہنوں اور بیٹیوں کے لیے بھی ایک بڑا سا اشارہ بن کر رہ جائیں۔

لیکن وہ کچھ نہ کر پاتی سوائے اپنے پیشے سے نفرت کرنے کے۔۔۔ برعکس اس کے جب کسی گھر سے اس کی صدا پر کوئی لڑکا نکل کر یونہی آنکھیں مٹکا دیتا تو چھٹکی کو ایسا محسوس ہوتا کہ سر میں ایک میٹھی میٹھی گھمری سما گئی ہے۔ ہلکا ہلکا بخار ہو گیا ہے اور ٹانگیں ہیں کہ مفلوج ہوئی جا رہی ہیں۔۔۔ بس جی چاہتا کہ دھڑام سے زمین پر گر پڑے اور آنکھیں بند کر کے اس گھمری کے مزے لیے جائے۔۔۔ پر نوبت یہاں تک پہنچنے ہی نہ

پاتی۔ کیونکہ ایک آنکھ میچنے والے بزرگوار دوسری کھلی ہوئی آنکھ سے اپنے بال بچوں اور اڑوس پڑوس والوں کی نگرانی کرتے ہیں۔

"اوری فقیرنی۔۔۔ دوسرا دروازہ دیکھ۔" کسی نہ کسی طرف سے پھٹکار، بلغم آلود دھنستی ہوئی آواز میں اس طرح پڑتی کہ اس کی گھمری توہوا ہو جاتی۔ لیکن غصہ بھبھک اٹھتا۔

"برا پیشہ ہے۔۔۔" وہ بڑی نفرت سے اپنے پیشے کو چن چن کر گالیاں دیتی۔۔۔ یہاں تک کہ اس نے نوکری بھی کرلی اس کارن۔۔۔ مگر اب پھر۔۔۔ مصیبت ہے۔

"چاہے کچھ ہو جائے، اب بھیک مانگنے سے تو رہی۔۔۔ دوسرے وہ جمن پھر پیچھا پکڑے گا۔" وہ بہت دیر الجھنے کے باوجود ہمیشہ یہی فیصلہ چپکے سے صادر کر دیا کرتی۔ لیکن یہ شیطانی خواہشیں تو بس بالکل سیلولائڈ کا جاپانی ببوا ہوتی ہیں۔۔۔ وہی ببوا جس کے پیندے میں رانگے کی ٹکلی چپکی ہوتی ہے اور جسے ضدی بچے لٹانے کی لاکھ کوشش کرتے ہیں مگر وہ جھٹ بیٹھ جاتا ہے۔ کیا کیا جائے؟ اس کی تو بناوٹ ہی ایسی ہوتی ہے۔۔۔ پھر چھٹکی کی تو یہ حالت تھی کہ میٹھا میٹھا ہپ، کڑوا کڑوا تھو۔۔۔ بھیک مانگنا برا، جمن برا، آنکھ میچنے والے برے۔۔۔ نوکری کرنا اچھا، گھر میں بیٹھنا اچھا۔۔۔ اب ایک اور ایسی اچھائی کی چاہت ہوئی جو جمن کی برائی کے مقابلے پر خم ٹھونک کر آجائے۔۔۔ لیکن اس کے لیے تو چراغ رخ زیبا چاہیے کہ دیکھ کر چوندھیا جائے اچھا بھلا، اور یہاں چھائی تھی سنولائی ہوئی بدلی، جس کے سائے میں چیچک کے کئی گہرے کھڈ اور موٹے موٹے مہاسوں کے ٹیلے۔۔۔ مگر یہ سب برائیاں بھی دب جایا کرتی ہیں دبائے سے۔

چھٹکی جیسی گلی گلی گھومنے والی، دنیا کو دیکھ ہی دیکھ کر بہت تاڑ چکی تھی۔ بس اب گھر کے کام کاج کے مقابلے میں اپنی بھی فکر پڑ گئی۔۔۔ یا تو اٹھواروں کنگھی کرنے کا ہوش نہ

تھا۔ موٹی موٹی جوئیں سارے سر میں بلبلاتی پھرتیں اور چھوٹی چھوٹی الجھی ہوئی لٹیں جو موٹے دوپٹے کے ذرا ادھر ادھر ہونے سے کانوں کے پیچھے سے یوں جھانکتیں جیسے موٹے موٹے چوہے اپنے بلوں سے نکلنے کا موقع تاک رہے ہوں۔۔۔ اب وہی لٹیں چلوؤں سرسوں کے تیل سے بھگو کر دن میں دوبار چوٹی میں جکڑی جاتیں۔ کپڑے جن میں پسینے اور سانسوں کی بو اس طرح بسی رہی کہ دور ہی سے اچھے بھلے دماغ اڑنے لگیں۔ اب وہی جمعہ جمعہ نل کے نیچے بٹیوں صابن سے صاف کیے جاتے اور پھر چوڑی دار پاجامے کو پنڈلیوں پر کس کے اتنے ٹانکے دیتی کہ گھٹی ہوئی پنڈلیوں کا گوشت جیسے بوٹی بوٹی ہو کر ابل پڑتا۔

مالکن نے کچھ بھانپا تو باتوں ہی باتوں میں لتے بھی لیے چھٹکی کے۔ کیونکہ انہیں اپنے بوڑھے میاں کے جھپٹ لیے جانے کا اندیشہ پیدا ہو گیا تھا۔ لیکن چھٹکی نے نہایت بھولے پن سے اللہ رسول کی قسمیں کھا کر ان کے دل کا سارا میل دھو دیا اور چلتی رہی اپنے رخ پر۔۔۔ گھر کے مردوں میں سے جہاں کسی کی نظر باورچی خانے کی طرف اٹھی تو بس چھٹکی کی رگ رگ میں بجلی سمائی۔ نچلی بیٹھ ہی نہ پاتی۔۔۔ اگر ہنڈیا بھونتی ہوئی تو چمچہ اتنے زور سے چلاتی کہ ہاتھ کی بے تحاشہ حرکت سے دوپٹہ غریب سہم کر گلے میں لپٹنے لگتا۔۔۔ کوئی چیز اٹھانے دھرنے اٹھتی تو ایسے قدم رکھتی کہ دیکھنے والے کا دل دہلے تو دہلے زمین بھی ہل اٹھے۔۔۔ یا کچھ نہیں تو پلی ہوئی مرغیوں کو ہنکانے کے بہانے فقرے چست کرنے لگتی۔۔۔ اور کبھی گھر کے کتے ٹامی سے باتوں ہی باتوں میں پتے کی باتیں کہنے لگتی۔۔۔ بس باورچی خانہ کیا تھا کسی تالاب کا کنارہ، جس پر چھٹکی اپنی ڈور ہنسی سنبھالے مچھلی کا شکار کھیل رہی تھی۔ اپنے کانٹے میں جوانی کا چارہ پھنسائے۔ کئی ہوشیار مچھلیاں لپکیں کہ لاؤں چارہ صفائی سے اڑا جائیں لیکن چھٹکی بھی کچی گولیاں نہیں کھیل رہی تھی۔ اسے تو ایسی موٹی

مچھلی چاہیے تھی جو چارہ کھانے کے بعد ایسی پھنسے کہ وہ تمام عمر اسی کا گوشت نوچ نوچ کر پیٹ بھرتی رہے۔۔۔

تو پھنسی ایک بے وقوف مچھلی کے کانٹے میں۔۔۔ معراج میاں۔۔۔ صاحب خانہ کے بھانجے۔ نک سک سے درست، لیکن مزاج کے کڑوے اور پرلے درجے کے ضدی اور کاہل۔ انہی عیبوں کی وجہ سے وہ سارے کنبے میں بدنام تھے۔ لوگ اپنی لڑکیاں ان سے بیاہنے کے نام سے کانوں پر ہاتھ رکھتے کہ "نہ بابا! اپنی لونڈیا کو خون تھوڑی تھکوانا ہے جو معراجو کو بیاہ دیں۔" گھر میں بھی ان کی کوئی وقعت نہ تھی۔ جسے دیکھو ان سے کھنچا ہی رہتا۔ لیکن وہ تھے کہ سارے گھر کو جوتی کی نوک پر رکھے، باورچی خانے کے سامنے والے دالان میں چارپائی پر اوندھے پڑے ٹانگے ہلایا کرتے یا پھر دو پیسے روز پر کرائے کی لائی ہوئی ناولیں پڑھا کرتے۔ لیکن جب پلے کوڑی نہ ہونے کی وجہ سے ناولیں نہ لا سکتے اور نہ سگریٹ ہی خرید سکتے تو تھوڑی بہت جماہیاں اور انگڑائیاں لینے کے بعد ان پر خودداری کا دورہ پڑ جاتا کہ جب تک وہ خود نہ دیں گے خرچ میں بھی نہ مانگوں گا۔

یہ فیصلہ کر کے ان کی طبیعت ایسی موزوں ہوتی کہ مرغیوں، کتوں، بچوں اور نوکروں کو جما جما کر میٹھی میٹھی گالیاں دینے لگتے۔۔۔ بس خاصی مزے سے بسر ہو رہی تھی کہ چھٹکی نے پچکارا دیا۔۔۔ معراجو میاں کے لیے چھٹکی سب کی نظر بچا کر بھنا ہوا گوشت اور گھی میں تر روٹیاں کیا رکھنے لگی اور وقت بے وقت اپنی تنخواہ میں سے روپیہ دو روپیہ سگریٹ پان کے خرچ کے لیے ان کی جیب میں کیا ڈالنے لگی کہ بس وہ اسی کے ہو رہے۔ بالکل اس منحوس کنویں کی طرح جس میں کوئی گندی چیز پڑی اور وہ ابلا۔

ایک دوپہر کو چھٹکی نے مالکن سے اپنے گھر کی دیکھ بھال کے لیے چھٹی لی اور چلتی بنی۔ اس کے بعد معراجو میاں کا دل گھر میں کیسے لگتا؟ بس دھلی ہوئی شیروانی پہنی۔ بالوں

میں تیل ڈالا اور اپنے ایک دوست سے ملنے چلے گئے۔ شام کو جب وہ دونوں لوٹ کر آئے تو خوب منہ رچائے اور کسی سستی سی خوشبو میں بسے ہوئے۔

"رنڈی۔" مالکن منہ بچکا کر صرف اتنا ہی چپکے سے کہہ سکیں۔ لیکن دوسری صبح مالکن نے رات چھٹکی کے کھٹولے سے غائب ہونے پر جو باز پرس کی تو معراجو میاں نے ڈنکے کی چوٹ پر اعلان کیا کہ "انہوں نے کل چھٹکی سے نکاح کر لیا ہے۔" ایک لمحے کے لیے جیسے سارا گھر حق دق رہ گیا۔ لو بھلا اتنا بھی ندیدہ پن کیا؟ مانا کہ کنبے کی لڑکی نہیں مل رہی تھی تو اس کا یہ مطلب تھوڑی تھا کہ کمینی کو سر چڑھا لیتے؟ اور پھر اگر ایسی ہی کوئی مجبوری تھی تو یونہی کام چلا لیتے، نکاح کی کیا ضرورت تھی؟ اب جو گھر والے بگڑے اور ذرا چھٹکی کے بال پکڑ کر دس پانچ ہاتھ مار دیے تو معراجو میاں، وہی معراجو میاں جو اپنے باپ کے مرنے کے بعد سے ماموں کی روٹیاں توڑ رہے تھے مقابلے پر آ گئے۔

بوڑھے ماموں، کو ان کی لغزشوں کا طعنہ دیا اور کنبے بھر کی ڈھکی چھپی کھولنے پر اتر آئے۔ اللہ کی شان کہ ایک بھک منگی کی خاطر ایسا ایسا کہا کہ کتے کوے بھی گھن کھائیں۔ یوں ناک کٹانے کے بعد چھٹکی کو لے کر اسی گلی کے ایک چھوٹے سے مکان میں بس گئے۔۔۔ کنبے والے ایسے شخص کے منہ کیا لگتے؟ جس پر عورت کی جوانی کا جادو چل گیا ہو۔ بس موت و زندگی کے لیے انہیں چھوڑ دینے کا عہد کر کے بیٹھ رہے۔

اب وہی معراجو میاں تھے کہ جنہیں پڑے پڑے روٹی کھانے کا چسکا تھا، کمانے کی فکر کرنے لگے۔ نوکری تو خیر ڈھونڈے نہ ملی، کیونکہ خدا کی مہربانی سے انہوں نے کوئی ڈگری تو لی نہ تھی۔ بھلا کوئی معمولی پڑھے لکھے سے غلامی کیوں کروانے لگے؟ بس انہوں نے چھٹکی کے سکھانے پڑھانے سے واشنگ کمپنی کھول لی۔ اس کے لیے چھٹکی نے اپنا گھر بیچ کر روپیہ ان کے ہاتھ پر رکھ دیا اور رفاقت جتانے کے مارے ایک سال تک گٹھریوں

میلے کپڑے گھر کے نل تلے دھوتی رہی۔۔۔ یہاں تک کہ کام خوب چمک اٹھا۔ اب چھٹکی کے پو بارہ تھے۔ وہی جو کبھی لتے لگائے بھیک مانگا کرتی تھی، اب گھر میں مہین ململ کی ساریاں باندھ کر گھومتی، چاہے کم بخت کو ساری باندھنے کی تمیز نہ ہو۔ ٹخنوں سے بالشت بھر اونچی۔ سامنے سے دیکھو تو ایسا معلوم ہو کہ بس ایک بچے کی صورت میں معراجو میاں کے کھرے خاندان پر کلنک کا ٹیکہ لگا کر رہے گی۔۔۔

مگر رذیل چھپتا نہیں۔۔۔ اب یہی کہ زیور بھی بنوایا تو وہی چاندی کا۔۔۔ موٹی موٹی جھانجھیں، گلے میں سیر بھر کا چندن ہار اور کلائیاں بھر بھر کڑے چوڑیاں۔ گھر میں جب اترا کر چلتی تو سارا محلہ جھانجھوں کی جھن جھن سے گونجتا۔ سبھی تو معراجو میاں کی طبیعت پر تھڑی تھڑی کرتے کہ جانے کیسے اسے بیوی کی حیثیت سے برداشت کرتے ہیں، مگر معراجو میاں تو مارے خوشی کے اینڈتے پھرتے کہ چھٹکی جیسی عورت کسے نصیب ہو گی؟ وہی چڑیا والی کہانی کہ اس نے گھورے پر دانہ چگتے چگتے ایک ٹوٹا ہوا جھوٹا موتی پالیا۔ بس چونچ میں دبا کر راجہ کے محل کے کلس پر بیٹھ کر کہنے لگی، "جو میرے پاس وہ راجہ پاس نہیں۔"

لو بھلا چھٹکی میں رکھا ہی کیا تھا؟ میاں کی خدمت کرنا، بیمار ہوں تو دن رات ایک کر دینا، رات گئے تک روزانہ پاؤں دبانا، یا میاں کے بے پناہ غصے کی جھپٹ میں آ کر دوسرے تیسرے دن پٹ لینا اور منہ سے اف نہ کرنا۔ یہی تو سب ایک جال تھا جس میں اس نے معراجو میاں کو بے طرح پھانس رکھا تھا۔۔۔ بس یہی بات تو معراجو میاں کی سمجھ میں نہ آتی تھی۔ باقی تو ہر شخص اچھی طرح سمجھ رہا تھا اور اس لیے کڑھتا۔۔۔ لاکھ کنبے برداری کے لوگ انہیں چھوڑ چکے تھے لیکن آخر اپنے خون کے جوش کو کیسے دباتے کہ معراجو میاں کے کاروبار کا سارا نفع اپنے خاندان کی کسی لڑکی پر صرف ہونے کے بجائے چھٹکی کے نیگ لگ رہا تھا۔ ایک رذیل عورت کے۔۔۔ جس نے خود کو بنانے کے لیے ایک

بنا بنایا خاندان بگاڑا تھا۔

ایک دن جو معراجو میاں کی حالت زار کا گھر میں تذکرہ ہوا تو معراجو کے ماموں کا دل بھر آیا اور پھر اس وقت تک بھرا رہا جب تک کہ دو گھنٹے انتظار کر لینے کے بعد معراجو میاں کی صورت نہ دکھائی دے گئی۔ بس بڑھے اور انہیں کلیجے سے لگا لیا۔ کیسے ہمدرد ہیں یہ اگلے وقت کے لوگ۔۔۔ کہنے لگے، "میاں کچھ ہو، خون کی محبت مارے نہیں مرتی، اپنے جسم کا کوئی حصہ سڑ جائے تو اسے کاٹ کے تھوڑی پھینکا جاتا ہے۔۔۔ تم نے جو کچھ کیا۔۔۔ خیر تم نے تو کیا کیا؟ یہ سب اسی مردار، حرام خور چھٹکی کے لچھن ہیں۔ ورنہ تم تو خاصے بھولے بھالے تھے پھر ہائے۔۔۔" مارے رقت کے ان کی تقریر ادھوری رہ گئی اور معراجو میاں کے بھی آنسو نکل آئے۔ عرصے تک خاندان سے الگ رہ کر بڑی کمی سی محسوس کر رہے تھے۔ اب جو ماموں نے پہل کر ڈالی تو سوچا خیر اپنے ماموں ہیں۔۔۔ پہلے میری عورت کے ساتھ جو برا سلوک کیا۔ اب اسے کیا کہا جائے۔

اس دن وہ بڑے خوش رہے اور اس خوشی کے سلسلے میں کئی روز تک غصہ ان کے پاس نہ پھٹکا۔۔۔ چھٹکی نے سنا تو بہت خوش ہوئی۔ خاندان والوں نے اس کا اور معراجو میاں کا بائیکاٹ کر کے اسے سخت احساس کمتری میں مبتلا کر دیا تھا۔ وہ سمجھتی تھی کہ شریف آدمی کی منکوحہ بن کر وہ بھی شریف بی بی کہلائے گی۔ لیکن گھر والوں اور محلے والوں نے چھٹکی جیسے ذلیل سے نام کو "چھٹکیا" کر کے اور بھی ذلیل کر دیا تھا۔ اس نے سوچا کہ اب گھر سے میل ہو جائے گا تو سب کو رام کر لوں گی۔ خدمت کر کے۔

اس کے بعد ہی خاندان میں ایک تقریب ہوئی تو معراجو میاں کو بلاوا آیا۔ وہ خوش تو بہت ہوئے لیکن انہوں نے شرکت سے صرف اس لیے انکار کر دیا کہ میری عورت کو کیوں نہیں بلایا گیا۔ اس بار تو خیر، لیکن جب خاص معراجو میاں کے ماموں کے ہاں تقریب

ہوئی اور چھٹکی کو بلاوا بھی سرسری طور پر آیا تو چھٹکی اترا کر پہنچی۔۔۔ بالکل نئی دلہنوں کی طرح جو پہلی مرتبہ سسرال جاتی ہیں۔ وہی ٹخنوں سے اونچی سرخ جارجٹ کی ساری اور سرخ جالی کا جمپر کڑکڑاتے جاڑے میں زیب تن کیے، بڑا سا گھونگھٹ نکالے، جھن جھن کرتی گھر میں جا اتری۔ سب بیبیوں کو جھک جھک کر سلام کیا، ممانی اماں سے جنہیں وہ کبھی مالکن کہہ کر پکارتی تھی، بہوؤں کی طرح زبردستی گلے لگی اور بدلے میں کئی کوسنوں سے بسی ہوئی آہیں لے کر سیدھی باورچی خانے میں پہنچ گئی۔ جہاں تقریب کا کھانا تیار ہو رہا تھا۔ بس جھٹ پٹ سارا کام نبٹا لیا۔ خوش ایسی جیسے اپنے باپ کے گھر آئی ہو۔

لیکن جب رات کو بجائے سب کے ساتھ دستر خوان پر کھانا دینے کے الگ تھلگ دیا گیا تو بس اس کا منہ پھول گیا۔۔۔ گویا اسے شریف بیبیاں اپنے دستر خوان پر کھلاتیں؟ بڑی چوکھی تھی نا۔۔۔ اس بات پر جل کر اس نے گھر کی نئی ماما سے اس گھر کی کئی کنواری لڑکیوں کے بارے میں بری بری باتیں کہیں، لیکن جب رخصت ہوتے وقت اس نے دیکھا کہ معراجو میاں کو ممانی اماں گلے سے لگائے ہچکیاں بھر رہی ہیں تو جیسے اس کے سارے جسم میں مرچیں لگ گئیں۔۔۔ اپنے گھر پہنچتے ہی اس نے بیر ڈلوانے کے لئے الگ کھانا دیے جانے کی شکایت کی۔۔۔ اور معراجو میاں جو بڑی دیر سے کھوئے کھوئے سے تھے بپھر گئے۔۔۔

"اور نہیں تو کیا تجھے سر پر بٹھا لیتے وہ لوگ؟" انہوں نے آنکھیں نکال کر کہا تو چھٹکی کے حلق میں کوئی خشک سی شے اس طرح پھول کر چھا گئی کہ اس کے منہ سے ایک لفظ بھی نہ نکل سکا۔ اس کے بعد معراجو میاں کے رشتے دار ان سے اپنی محبت کے ہاتھوں مجبور ہو کر ملتے جلتے رہے اور چھٹکی کے حلق میں کوئی خشک سی شے دن میں کئی کئی بار اس طرح پھولتی رہی کہ وہ منہ سے ایک لفظ بھی نہ نکال پاتی۔۔۔ اور وہ کہہ ہی کیا سکتی تھی۔

اسے حق ہی کون سا تھا منہ کھولنے کا؟ کیا نہیں جانتی تھی کہ غلاظت کا کیڑا غلاظت کے ڈھیر سے نکل کر اپنی موت آپ بلاتا ہے۔۔۔؟ اب وہ تمام تمام دن معراجو میاں کے رشتے داروں کو زیر لب گالیاں کوسنے دے دے کر رہ جاتی۔۔۔

جس جوانی پر اینٹھتی تھی وہی تین سال کے اندر اندر اسے دغا دے گئی اور جانے کون سی خاموش بیماری نے زور پکڑا کہ چہرہ دیکھ کر گھن آجائے۔۔۔ بس دن کا زیادہ حصہ وہ کھری چارپائی پر اوندھی پڑ کر اور کمر سہلا سہلا کر گالیاں بکتے گزار دیتی۔۔۔ لیکن معراجو میاں کے گھر میں داخل ہوتے ہی جھٹ اپنے بچھائے ہوئے جال کے گھسے پٹے پھندوں میں گانٹھیں دینے لگتی۔ پہلے سے کہیں بڑھ کر خدمت کرتی، پر اب خدا نے معراجو میاں کے کنبے والوں کی معرفت آنکھیں کھلوانا شروع کر دی تھیں۔ اس لیے تو اب چھٹکی کی یہ چلتر بازیاں انہیں زہر لگنے لگتی تھیں۔ اس لیے وہ آئے دن کسی نہ کسی بات پر رکھ کر اس جان و عزت کے روگ کی پٹائی کر دیتے۔۔۔ مگر واہ ری بے حیا چھٹکی۔۔۔ اپنی سی کوشش کیے ہی گئی۔۔۔

آخر ایک دن مہترانی نے چھٹکی کے پاندان سے کھائی ہوئی تمباکو کے نشے میں جھوم کر بتایا کہ۔ "معراجو میاں تو دوسرا بیاہ کرنے والے ہیں۔" بس تڑپ ہی تو اٹھی۔ ڈس کر بھاگتی ہوئی ناگن خود چوٹ کھا کر زہریلے بل کھانے لگی۔

"اری کس سے؟"

"وہی جو ہیں نا عزیزہ بیٹا۔۔۔ بڑا مخول کرتی ہیں معراجو میاں سے ان دنوں۔" مہترانی نے تو یہ پھونک کر جھوا اٹھایا اور چلتی بنی لیکن چھٹکی نے اپنا پھیکا ستا ہوا منہ پیٹ پیٹ کر وہ ہائے توبہ کی کہ سارے محلے کے کان کھڑے ہو گئے۔۔۔ بیچاری عزیزہ کے لیے جانے کہاں سے پچاسوں ننگے قصے جوڑ کر ذرا ہی دیر میں سارے محلے میں براڈکاسٹ

کر دیے۔ عزیزہ بیٹا نے سنا تو کلیجہ پکڑ کر رہ گئیں۔ "افوہ! یہ کمینی اور میرے لیے کہے؟" ان کی آنکھوں سے آنسو روکے نہ رکتے۔ مانا کہ وہ معراجو میاں سے ادھر کچھ دن سے محبت کرنے لگی تھی لیکن اس کا یہ مطلب تھوڑی تھا کہ وہ چھٹکی سے بھی پہلے انہیں چاہتی تھی۔ بھلا وہ اس وقت تھے ہی کیا جو کوئی انہیں منہ لگاتا؟

معراجو میاں نے شام کو عزیزہ کا چہرہ دیکھا جو روتے روتے چقندر بنا ہوا تھا اور بار بار ناک پونچھنے کی وجہ سے تو جیسے ناک سے خون ٹپکتا معلوم ہو رہا تھا۔ بس یہ دیکھ کر ان کا کلیجہ جیسے خون ہو کر رہ گیا۔ اتنے دن بعد تو گھر کی ایک لڑکی نے محبت سے آنکھیں ملائی تھیں۔۔۔ گھر والوں کی زبانی جب انہوں چھٹکی کے خیالات عزیزہ کے متعلق سنے تو آپ میں نہ رہے۔ بس انہیں ایسا محسوس ہوا کہ اب تک وہ اپنے جوتے سر رکھے پھر رہے تھے۔۔۔ تنتنا کر اٹھے۔۔۔ پیچھے سے برقع اوڑھ کر ممانی، عزیزہ اور عزیزہ کی اماں، ساتھ ہی گھر کے دو چار مرد۔۔۔ مجاہدوں کی شان سے۔۔۔

"نکل حرام زادی۔۔۔ نکل تو کمینی۔۔۔" دھڑاک دھڑاک کرکے دروازے کے دونوں پٹ بھنچ گئے۔۔۔

شام کے ہلکے سے اندھیرے کو رات کی گہری تاریکی نگل چکی تھی۔۔۔ اور گلی کی ٹھنڈی پختہ زمین پر چھٹکی نالی میں سر ڈالے بے حس و حرکت پڑی تھی۔ درد سے اس کا جسم پھوڑا ہو رہا تھا، سر میں میٹھی میٹھی گھمری تھی اور ہونٹوں پر ننگی ننگی گالیاں۔۔۔

دھت! کمینی۔۔۔!

***

ایک بچی

اس دن شام ہی سے پھوار پڑ رہی تھی اور مجھے بس خواہ مخواہ ہی تو الجھن ہو رہی تھی۔ ادھر چند سال سے اکثر میری یہی کیفیت رہتی۔ گھٹی گھٹی، دبی دبی بیزاری اور الجھن سی۔۔۔ اس پر شام ہی سے وہ ہلکی ہلکی پھوار۔۔۔ مجھے جانے کیوں ہلکی ہلکی، دبی دبی کیفیتوں سے نفرت سی ہونے لگتی ہے۔ کہتے ہیں کہ جھما جھم بارش ہو تو سارا پانی مکانوں کی چھتوں سے ندی نالے کی طرح بہہ کر نکل جاتا ہے۔ لیکن یہ ہلکی ہلکی پھوار تو ایسے غضب کی ہوتی ہے کہ نئے نئے مکان بھی ڈھے جاتے ہیں اس سے۔۔۔ لاکھ کوشش کرنے کے باوجود میں الجھتی ہی چلی جا رہی تھی۔۔۔ جتنی لمبی عمر ہو اتنی ہی لمبی الجھنیں۔ سوئی میں لمبا تاگا ڈال کر سینے بیٹھو تو بار بار گتھیاں پڑ جاتی ہیں۔ میری عمر بھی تو اب پینتیس سال کے لگ بھگ ہو رہی تھی۔ ہے رے! میرے سرہانے کی کھلی ہوئی کھڑکی سے سرد اور یخ ہوا خاموشی سے داخل ہو رہی تھی۔ اس پر بھی دماغ میں گویا انگیٹھی سی دہک رہی تھی۔

رات کا ابتدائی حصہ تھا۔ لیکن میری گلی میں انسان تو انسان کتے گم سم ہو چکے تھے اور مجھے اس وقت یہ سکوت ہمیشہ سے کہیں زیادہ کھل رہا تھا۔ گلی کے اس مکان میں رہ کر تو یوں معلوم ہوتا کہ میں بھی وہی کہانیوں والی شہزادی ہوں جسے اس کے باپ نے ناراض ہو کر جنگل کے قلعے میں قید کروا دیا تھا۔ لمبے چوڑے کمرے میں برابر برابر سلیقے سے بچھے ہوئے پلنگوں پر میری ماں اور پانچوں بہنیں لحافوں میں گھسی گٹھریاں بنی پڑی تھیں، چپ

چاپ، لحافوں کے ڈھیر تلے ڈھیر، جیسے میری طرح انہیں بھی کوئی الجھن گھیرے ہوئے ہو۔۔۔ ایک کمرے میں برابر برابر پڑے ہوئے پلنگ۔۔۔ جیسے ہم سب قیدی ہوں۔۔۔ یا جنرل وارڈ کے مریض، یا کسی یتیم خانے کے یتیم۔۔۔

بھئی اللہ! بھئی اللہ۔۔۔! میرے سر میں دھمک سی ہونے لگی، اور جیسے میرے اندر ہی اندر کوئی الجھ کر ٹھنکنے لگا۔ بھئی اللہ! سب سو گئے، سب لحافوں تلے دفن ہو گئے۔۔۔ کوئی بھی نہیں بولتا، کیا سب کے سب حلق تک روٹیاں ٹھونس کر لیٹے ہیں۔ جو ہوں ہاں تک کرنے کی سکت نہیں رہی۔۔۔ ہاں کھائیں گے نہیں تو اور کیا کریں گے یہ لوگ؟ گویا میری کمائی ہے بھی تو حرام کی۔۔۔ دن بھر ڈیڑھ سو روپلی کے لیے میں اپنا بھیجا کوڑھ مغز لڑکیوں سے پچی کروں اور یہ سب اونگھیں مزے سے حلق تک بھر کے۔۔۔ اور وہ چچا جان بھی تو نہیں آئے اب تک باہر سے! یہ حضرت بھی تو کچھ کم خود غرض نہیں ہیں۔۔۔ بے چارے اپنے بڑے بھائی کے مرنے کے بعد ان کی بیوہ اور بچیوں کی سرپرستی کر رہے ہیں۔ کم بخت باتوں کے چکنے، کاموں کے خوار۔ آئیں گے گیارہ بجے باہر سے۔ کون اٹھ کر دروازہ کھولے گا۔ جیسے سب ان کے نوکر ہی تو ہیں۔ بڑے آئے چچا جان کی دم۔

یقیناً یہ ہماری برائے نام جائداد کے حساب کتاب میں بھی گڑبڑ کرتے ہوں گے، جبھی تو راتوں کو باہر رہتے ہیں۔ بڑھاپے میں جانے کہاں چھچھوندروں کی طرح چھپیاتے پھرتے ہیں۔۔۔ چچی جان کو مرے ہوئے تیس سال ہو گئے، جبھی سے رنڈوے ہیں۔ کہتے ہیں کہ انہیں "مرحومہ" سے عشق ہے ہاں بھئی ہو گا مرحومہ سے عشق۔۔۔ ورنہ روایت ہے کہ چچی جان زندگی بھر ان کے عشق کی لگام موڑنے کی کوشش کرتی رہیں۔ ٹوکریوں تعویذیں لکھوائیں، سینکڑوں عمل پڑھے، پھر بھی چوکنی کی چوکنی رہیں۔

ایک دن بھی یوں نہ بیٹھیں جیسے اپنی گرہ سے خریدے ہوئے تخت پر کوئی بیٹھے۔۔۔

مگر بھئی ہندوستانی تو اپنی مردہ پرستی کے لیے مشہور ہی ہیں۔ مرحومہ سے چچا جان کا عشق ہو جانا کچھ عجب تو نہیں، جبھی تو اس سوگ میں راتوں کو باہر رہتے ہیں۔۔۔ میں بھی مر جاؤں گی تو سب مجھے بھی چاہنے لگیں گے۔ ہائے کیا لڑکی تھی کہ عمر بھر شادی نہ کی اور باپ کے بعد ماں بہنوں کو مردانہ وار سنبھال لیا۔۔۔ بھئی اللہ! اس زندگی سے تو بہتر ہے کہ مر جاؤں جلدی سے۔۔۔ مگر ابھی تو اٹھ کر دروازہ کھولنا ہے، کیونکہ بوڑھا فیضو مارے الکسی کے مسٹ مار جاتا ہے۔۔۔ اللہ کرے مر جائیں چچا جان۔۔۔

اور میری الجھن بڑھتی ہی گئی۔ روزانہ کی یک رنگی اور بے کیفی کا احساس جیسے نس نس میں چبھنے لگا۔ یہی برابر برابر پڑے ہوئے پلنگ اور میری جوان جوان بہنیں اور بوڑھی ماں۔۔۔ جی میں آیا کہ سب کے پلنگ گھسیٹ گھسیٹ کر گڈ مڈ کر دوں، میز پر رکھے ہوئے لیمپ پر اپنا تکیہ کھینچ ماروں، اور میز کے نیچے بیٹھی ہوئی پالتو بلی کو اٹھا کر کھڑکی سے نیچے گلی کے سرخ سرخ فرش پر دے ماروں۔ تا کہ وہ اتنے زور سے چیختی ہوئی بھاگے کہ دور تک گلی کا سناٹا درہم برہم ہو جائے۔ میری بہنیں مجھے دیوانہ سمجھ کر چیخیں مارنے لگیں اور میری اماں، اپنی بیٹا صفت بیٹی کو ہاتھ سے نکلتا دیکھ کر اپنا سینہ کوٹ لیں۔ مگر میں نے سوچا، یہ تو ایک فضول سی حرکت ہوگی، کیونکہ اس کے بعد پھر یہی گھر ہوگا اور یہی سب کچھ۔ بس ایک ذرا سا ہنگامہ، جیسے ۱۹۴۲ء کی تحریک آزادی کا مذاق۔ جیسے الیکشن کے کرتب، جیسے نٹوں کا کھیل! جیسے۔۔۔

"بھئی اللہ۔۔۔" میرے اندر پھر کوئی پاؤں پٹخ کر ٹھنکا۔ میں نے بیزار ہو کر کروٹ بدلی تو میرے سر کے نیچے صبح کا اخبار کھڑکھڑایا۔ میں نے اسے کھسوٹ کر پلنگ کے نیچے پھینک دیا، اخبار پڑھتے پڑھتے بھی تھک گئی۔ "پاکستان۔ اکھنڈ ہندوستان۔۔۔ برطانوی ہندوستان۔" میری الجھن نے ایک نئی راہ سجھائی۔ جی میں آیا کہ بے تحاشہ برطانوی

ہندوستان زندہ باد کے نعرے لگاؤں۔ تاکہ میرے پڑوس میں بسے ہوئے مختلف سیاسی عقائد کے لوگ اک دم چونک پڑیں اور مجھے منہ بھر بھر کر گالیاں دینے لگیں۔ کتنی خوشی کی بات ہوگی کہ ایک بار تو سب کے دل پر ایک سی چوٹ پڑے، ایک ہی درد اٹھے، ایک ہی جذبہ پیدا ہو۔۔۔! میں اپنا نعرہ بلند اور بلند کرتی جاؤں سڑکوں پر، گلیوں میں، شہروں شہروں۔۔۔ یہاں تک کہ گاندھی جی کو اپنے اکھنڈ ہندستان اور مسٹر جناح کو اپنے پاکستان کی ایک حقیقی اور ٹھوس شکل نظر آجائے۔ "یعنی برطانوی ہندوستان زندہ باد!"

مگر میری توبہ! میں کر ہی کیا سکتی ہوں سوائے بستر میں لیٹ کر رات گئے تک الجھنے کے؟ میری زندگی میں کوئی انقلاب نہیں ہوگا۔۔۔ خارجی نہ داخلی۔۔۔ دن بھر لڑکیوں کو پڑھاؤ۔۔۔ ہندوستانیوں کے متعصبانہ غمزے سہو۔ میری ہیڈ مسٹریس سیاست کی ابجد سے ناواقف ہونے کے باوجود خالص اکھنڈ ہندوستانی ہیں۔۔۔ مسلمان استانیوں کی خفیہ پاکستانی میٹنگوں میں شرکت کرو، جن میں ہندوؤں کے کفر سے نفرت کا اظہار کیا جاتا ہے اور وہ میٹنگیں جو پانی پلانے والی کہاری تک کو دیکھ کر خندہ پیشانی سے منتشر کر دی جاتی ہیں۔۔۔ گھر آؤ تو ایک ایک کی سنو، ایک ایک کو سناؤ۔ رات کو پڑے پڑے بھول بھلیوں میں بھٹکو۔۔۔ مہینے کی پہلی کو مٹھی بھر تنخواہ، نون، مرچ اور آٹا، دال کے حسابات کی نذر کرتے ہوئے نئے گرم کوٹ کی تمنا اگلے مہینے پر ملتوی کرتے جاؤ۔۔۔ لعنت ہے۔

گیارہ بجے چچا جان آئیں گے اپنے پلنگ پر اینڈ اینڈ کر ہماری سرپرستی کرنے کو، تو اس لیے اٹھ کر دروازہ کھولو۔ چچا جان بقول خود خدا سے ڈرتے ہیں۔ اس لیے ہماری سرپرستی کے لیے حاضر ہوتے ہیں اور حکومت برطانیہ کو مہذب ملکوں کے طعنوں کا ڈر ہے، اس لیے نیم وحشی ہندوستان کو نہیں چھوڑ سکتی کہ کہیں یہ ملک پتھر کے زمانے کی طرف نہ لوٹ جائے۔ کانگریس اور مسلم لیگ الیکشن کے دانے پر چونچیں لڑائے ہوئے ہیں اور

میں اور میری بہن ناظمہ خواہ مخواہ ایک چغد سے چھوکرے کے لیے سوچ سوچ کر مری جا رہی ہیں۔ وہ چغد سا چھوکرا جسے محبت تک کرنا نہیں آتی۔ اور جس کی منگنی میرے رشتے کے خان بہادر ماموں کی ادھیڑ عمر صاحب زادی سے ہو چکی ہے۔۔۔

میں نے دل شکستہ ہو کر بنگال کے ایک ہائی اسکول میں ہیڈ معلمہ کی جگہ کے لیے عرضی دے دی ہے۔ اور ناظمہ نے خودکشی کا ارادہ ترک کر کے ایک مقامی اسکول میں معلمہ بننا گوارا کر لیا ہے۔ حالانکہ وہ ملازمت کو عورت کی توہین تصور کرتی ہے۔ عجیب مذاق ہے یہ دنیا۔۔۔ اللہ کرے ساری دنیا میں ایسی بارش ہو جس میں ایٹم بموں کی جھڑیاں لگ جائیں۔۔۔ مگر بھئی نہ جانے امریکہ اور برطانیہ نے ایٹم بم کے راز سے اللہ میاں کو واقف بھی ہونے دیا ہو گا؟ میرے سر کے اندر دھک دھک سی ہونے لگی۔ نہ جانے یہ دھک دھک اتنی پاؤں چلی کیوں ہے؟ کبھی کہیں کبھی کہیں۔ کم بخت سارا جسم دھڑکن بن کر رہ جاتا ہے۔ میں نے اپنا سر اٹھا کر تکیوں پر دے مارا۔

"پھنیاں بھرت بھرت میں ہاری، ہو موری بہنیاں پرانی۔" گلی سے جیسے کوئی نشے میں لہکتا ہوا گزرا۔ مست اور بے پروا۔ اور مجھے جیسے ایک دم احساس ہوا کہ میری باہیں بھی تھک گئی ہیں۔ پانی بھرتے بھرتے تو نہیں، ہاں سینے پر بے کار پڑے پڑے۔ پہلو میں بے قدری سے رکھے رکھے، اور سر پر ہالہ بناتے بناتے۔۔۔ اف بھئی چولھے میں جائیں یہ بے ہودہ خیالات۔ ہاں تو پھر اے اللہ میاں! میری عرضی بنگال میں منظور کروا دو۔ بس وہاں پہنچ کر اپنی موجودہ ماتحتی کار دعمل خوب دل لگا کر کیا کروں گی۔ مچھلی اور چاول ملا کر معتدل بنائی ہوئی غذا کا استعمال کیا کروں گی اور فرصت کے اوقات میں صرف روحانیات پر کتابیں پڑھا کروں گی۔۔۔ اللہ کرے میری عرضی منظور ہو جائے۔ کھٹ کھٹ۔۔۔ دروازے کی زنجیر کھڑکائی جانے لگی۔

"کنڈی ہولے ہولے کھڑکانا، اور راجہ دھیرے دھیرے آنا۔" میرے دل میں میرادرد پھر تلملایا۔ مگر دروازہ تو چچا جان کھٹکھٹا رہے ہیں۔۔۔ کمبخت! اللہ کرے کسی دن ہمارے ہاں ڈاکہ پڑے اور لمبے تڑنگے ڈاکو اس گھر کی سب عورتوں کو زبردستی اٹھا کر لے جائیں۔

کھٹ کھٹ۔۔۔

نوجوانی کی نیند آگئی بڈھے فیضو کو۔ اور کوئی بھی نہیں اٹھتا۔ نہ اٹھے۔ میں نہیں اٹھنے کی۔ چاہے سردی سے اکڑ کر دم نکل جائے ان کا۔ میری جوتی کی نوک سے۔۔۔ اور گھر میں آدھی آدھی رات تک۔ کھٹ کھٹ۔۔۔ شرم نہیں آتی کنواری بھتیجیوں کا آدھا درجن رکھتے ہوئے۔ "ارے کہاں بتائی اتنی رین؟" فیضو کو شاید رحم آگیا۔ چچا جان زینہ چڑھنے لگے۔ اور مجھے غصہ آنے لگا۔

"جاگ رہی ہو زاہدہ؟ ہاں ابھی رات بھی کتنی گئی ہے۔" چچا جان نے میرے پلنگ کے قریب رک کر کہا۔

"ہوں۔۔۔!" میں نے جواب دیا۔

"لو یہ مٹھائی۔۔۔" انہوں نے رومال کی پوٹلی میرے لحاف پر پھینک دی اور سب لحافوں میں ایک دم کھلبلی مچ گئی۔ "بچیوں میں بانٹ دو۔ تبرک ہے۔" وہ اوور کوٹ اتارتے ہوئے بولے۔ بستروں سے سربلند ہوئے۔ جیسے واقعی سب بچیاں ہی تو ہوں۔

"ادھر لاؤ! کیا ہے حضرت آپا جانی۔۔۔؟" تقاضا ہوا تو مجھے غصہ آگیا اس چھچھورے پن پر۔ میں نے پوٹلی اماں کے لحاف پر اچھال دی۔

"کیا بخارات دماغ کو چڑھ گئے آپا جانی؟" ساجدہ نے حسب عادت ایک بے تکا سا قہقہہ لگایا۔

"نہیں تو۔۔۔ کوئی بات نہیں۔" میں نے اپنی تلخی کو دبا کر کہا۔ میں کبھی کبھی ان سب سے خواہ مخواہ دبنے لگتی ہوں۔ مٹھائی کے حصے بخرے ہونے لگے اور میں نے لحاف منہ پر ڈال لیا۔ میری الجھن اس چاؤں بھاؤں میں اور بھی بڑھ گئی۔ اور میں نے طے کر لیا کہ بنگال ضرور جاؤں گی۔ بنگال کا جادو مجھ پر چلنے کا سوال ہی نہیں پیدا ہوتا اور سنا ہے کہ بنگال کے مرد تو اتنے بزدل ہوتے ہیں کہ اپنے ہاں کی مشہور اور مقبول پیداوار "بنگال کے جادو" پر بڑی آسانی سے غیر بنگالیوں کا قبضہ گوارا کر لیتے ہیں۔ ہونہہ! اپنی چوٹی تو بہت چھوٹی ہے۔ پھر ڈر کیا ہے۔ بس اطمینان سے مچھلی بھات کھاؤں گی۔۔۔ اور۔۔۔ بنگال کا غذائی قحط تو ختم بھی ہو چکا۔

"ایک بچی لو گی۔۔۔ تم میں سے کوئی؟" چچا جان نے کرسی میں پھنس کر پوچھا۔ اور میں ایک دم بستر سے اچھل پڑی اور میری طرح میری سب بہنیں۔ مگر اماں کو تو جیسے مٹھائی کھاتے کھاتے اونگھ سی آ گئی۔

"دہی لو گی دہی!" گوری سی گھوسن ہر روز ہمارے گھر میں پوچھ جاتی۔

"جی۔۔۔!جی!" ہم سب یک زبان ہو کر بولے۔

"کسی کال کے مارے بنگالی کی اولاد؟" اماں نے برا مانتے ہوئے سوال کیا۔

"ارے نہیں بھابی جان۔ ان کنگلوں کی اولاد لے کر کیا کرنا ہے؟" چچا جان کی عزت پر جیسے حرف آ گیا۔

"واہ آپ قحط کی وجہ سے بنگالیوں کو پنچ سمجھتے ہیں۔ قحط جو سرمایہ داروں کا لایا ہوا ہے۔" زہرا بالکل پنڈت نہرو کے انداز میں گرجی۔

"مگر جناب کال کے مارے لوگوں کی بے بسی سے فائدہ اٹھا کر ان کے لال چھین لینا بھی تو انسانیت کی توہین ہے۔" فاطمہ بھن بھنائی جسے گدھوں جیسی سنجیدگی کے ساتھ ہائی

اسکول کی طالبہ ہونے کا فخر حاصل ہے۔

"اور بھوکے ماں باپ کی گود میں ایک بوند دودھ کے لیے دم توڑتے ہوئے بچے دیکھتے رہنا عین انسانیت ہے۔" ساجدہ بے تکے پن سے ہنستے ہوئے چلائی۔ بیچاری کو اپنے پھیلے ہوئے دہانے کی ہنسی بہت عزیز ہے۔

سب کی سب زور سے ہنس پڑیں۔ جیسے کوئی لطیفہ ہی تو ہو گیا ہو۔

"لاحول ولا۔۔۔!" چچا جان کی بیٹھی ہوئی آواز نے سب کو خاموش کر دیا۔ "تم لوگ تو ہر موقعے پر اپنا اپنا تصنیف کردہ فلسفہ جھاڑنے لگتی ہو۔" ساجدہ ہنسنے لگی۔ ناظمہ نے گھٹنے پر ٹھوڑی ٹکا کر جھومنا مناسب سمجھا، اور فاطمہ کو اپنے بکھرے ہوئے بالوں میں گرہ دینا یاد آگیا۔ باقیوں نے محض مسکرانے پر اکتفا کی۔ اور میں جانے کیسے یہ سوچنے پر مجبور ہو گئی، "ایک بچہ۔۔۔ ایک بچہ۔۔۔ ایک مجھے مل جائے تو۔" میری نسائیت کی گود میں مامتا ہمکنے لگی۔

"ارے!" میں جھینپ سی گئی۔ "دھت! خان بہادر کا داماد بن کر مست ہے چغد کہیں کا۔ میں تجھ سے کہیں بلند ہوں۔ میں غیر کی اولاد کو بھی اپنا سکتی ہوں۔" کھسیانی بلی کھمبے پر جھپٹی۔

باہر بارش کی ہلکی ہلکی پھواریں ننھی ننھی بوندیوں میں تبدیل ہو گئیں اور سائبان پر جیسے کوئی گت بجنے لگی۔

"وہ بچی شریف کی اولاد ہے۔ سمجھیں تم لوگ۔" چچا جان نے زوردار سفارش کی، "تمہاری ہی شرافت کا نتیجہ تو نہیں میاں۔" اماں نے ہنس کر چھیڑا تو بھتیجیاں کھکھلا اٹھیں۔ اور میرے دل میں جیسے سمندر کے کھاری پانی کی ایک لہر سر اٹھا کر لپکی کہ کہیں وہ سچ مچ چچا جان ہی کی ریاضتوں کا پھل نہ ہو۔ لعنت۔۔۔ تب تو میں گلا گھونٹ دوں کم

بخت کا۔۔۔ہاں۔۔۔!"

چچا جان بو کھلا کر بستر پر بیٹھ گئے۔ "خدا کی قسم آپ تو مذاق کرتی ہیں بھابی جان۔" وہ اپنا سفید بالوں سے ڈھکا ہوا سر جھکا کر شرمائے اور مجھے اس قدر بے تکے لگے کہ میں بھی شرما گئی۔

"کس کی بچی ہے وہ۔ کیوں چچا جان؟" ناظمہ نے پوچھا۔

"ایک غریب آدمی کی۔ اس کی بیوی کا انتقال پرسوں ہی ہوا ہے۔ دو لڑکیاں اور ایک لڑکا چھوڑا ہے اس نے۔ دودھ پیتی بچی چھ مہینے کی ہے۔ وہی مل جائے گی۔ کوئی پرورش کرنے والا نہیں۔ باپ بیچارہ بنئے کا ملازم۔ کہاں بیٹی کو سنبھالتا پھرے۔ بڑی لڑکی ہے سو پانچ برس کی، اور لڑکا تین برس کا۔۔۔"

"لڑکا مل جائے مجھے تو۔۔۔" اماں کی حسرت زبان پر آگئی۔ حد ہے آدھی درجن لڑکیاں اور لڑکا ایک بھی نہیں۔

"لڑکا تو نہیں دے گا وہ۔۔۔ اس کی نسل چلے گی اس سے۔" انہوں نے کاروباری انداز میں ٹکا سا جواب دے دیا اور میں سوچنے لگی کہ پاکستان اور اکھنڈ ہندوستان کے جھگڑوں میں پڑنے کی بجائے ہمارے لیڈر اس معمے کا حل کیوں نہیں تلاش کرتے کہ نسل لڑکی چلاتی ہے یا لڑکا؟ کیوں کہ پاکستان اور اکھنڈ ہندوستان کا بنیادی تعلق براہ راست اسی معمے سے ہے۔

"تو پھر لڑکی لے کر کیا کرنی ہے۔ اور پھر دودھ پیتی بچی۔۔۔" اماں کی دلچسپی ختم سی ہوگئی۔

"بڑی لڑکی بھی ملے گی اس کے ساتھ؟" ناظمہ نے بقول خود غوریاتے یعنی غور کرتے ہوئے سوال کیا۔

"نہیں پلی پلائی بچی نہیں دے گا وہ۔ چار دن بعد اسے گھر میں پکے پکائے کھانے کی امید ہو گی۔" انہوں نے جواب دیا۔

"تو پھر کیا فائدہ، جب تک بچی کے ساتھ بڑی لڑکی نہ ملے، جو کم از کم بچی کا گو موت تو کر ہی لے گی۔ چند دن بعد اور کچھ نہیں تو گود میں ٹانگے ٹانگے پھرے گی اسے۔۔۔ لو بھلا صرف چھیچھڑا لے کر کون برسوں کی مصیبت مول لے۔۔۔" ناظمہ کی دور اندیشی نے اسے لیٹ کر لحاف گردن تک اوڑھ لینے کا مشورہ دیا۔

"میں لوں گی۔۔۔" ناظمہ کے مقابلے میں مجھے اپنی آواز کتنی بھلی لگی اور ناظمہ نے گردن اٹھا کر مجھے ایسی نظروں سے دیکھا جیسے اسے یقین نہ آرہا ہو کہ وہی زاہدہ ذرا سی بچی کو پالنے کے لیے تیار ہے جس نے کبھی اپنی چھوٹی بہنوں کو گود میں اٹھانے کی زحمت بھی نہ کی تھی۔

"میں بھی لے سکتی ہوں۔ کیا قیمت ہو گی؟" ناظمہ پر میرے مقابلے میں ضد سوار ہو گئی اور میرے دل پر گھونسہ لگا۔ یہ بہن نہیں سوت ہے میری۔ یہ نہ بیچ میں آتی تو خان بہادر ماموں کو اتنا جوان داماد نہ ملتا۔ کمینی! کاہل دوسرے کے ہونٹوں سے لگا ہوا پانی کا گلاس جھپٹتی ہے۔

"تھو ہے۔۔۔ انسان کی قیمت ادا کریں گی امیر زادی۔" میں نے جل کر کہا گویا دہکتے ہوئے انگاروں پر توا ڈھک دیا۔

"چپ رہو ناظمہ باجی! آپا جانی کے نزدیک انسان کی کوئی قیمت نہیں۔" ساجدہ نے اپنے مخصوص بے تکے پن سے ہنستے ہوئے بیچ میں پھلجھڑی چھوڑ دی اور میرے مرچیں لگ گئیں۔ جی میں آئی کہ اٹھ کر لگا دوں دو دو تھپڑ ان لڑکیوں کے۔۔۔ چھوٹی ہو کر۔۔۔! میری ساری آزاد خیالی اور ترقی پسندی بے جان سی ہونے لگی۔

"تو بتائیے چچا جان، ورنہ باجی اور آپا جانی بچی کو نیلام پر چڑھادیں گی" آمنہ لحاف کے اندر سے چلائی۔

"اس بچی کو پال لو، بس یہی قیمت مقرر کی ہے اس کے باپ نے۔" چچا جان نے آواز میں رقت پیدا کر کے دلالی کا حق ادا کر دیا۔

"اے اللہ ہمارا ملک۔۔۔ !اللہ کرے یہاں بھی اشترا کی انقلاب ہو جائے جلدی سے۔" فاطمہ کی آواز بھرا گئی۔ "بے چارے بچے اور ان کے والدین۔ ہائے اللہ!" اسے اشترا کیت پر عبور رکھنے کا دعویٰ ہر وقت اکسایا کرتا۔

"اور تمہارا سر۔۔۔" زہرہ کی قنوطیت گویا ہوئی۔ "ہندوستان میں کچھ بھی نہیں ہو گا، کچھ بھی نہیں۔ بس پڑی پڑی سوکھو اور اپنے اندر ایک ناکارہ کمیونسٹ موٹا کیے جاؤ۔۔۔"

"آپ کل صبح بچی کو مجھے دکھا دیجیے۔۔۔ میں اس کی پرورش کروں گی۔" میں نے فیصلہ کن انداز میں اعلان کیا۔ میں نے سوچ لیا تھا کہ بنگال جا رہی ہوں۔ پینتیس کے لگ بھگ ہوں، صورت بھی ذرا ویسی ہی سی ہے۔ شادی کرنا نہیں یا یوں کہو کہ کرے گا کون مجھ سے شادی۔ یہ بچی مل جائے تو مستقل کنواری رہنے کی شاندار وجہ پیش کر دیا کروں گی اور پھر میرے لیے بھی زندہ رہنے کا کوئی مقصد ہو جائے گا۔

باہر بارش تیز ہو رہی تھی۔

"کیا کرو گی بچی لے کر؟ تمہارے پالنے کے لیے اتنی بہت سی بہنیں کیا کم ہیں؟" اماں نے میری دوڑتی ہوئی گاڑی کے آگے پتھر لڑھکایا۔

"جی!" مجھے رونا سا آ گیا۔ "میری بہنیں۔ میں انہیں پالتی رہوں۔ چاہے یہ سب مجھے جوتی کی نوک پر بھی نہ رکھیں۔ میں کسی سے کوئی گلہ نہیں کرتی۔ مگر یہ ضرور چاہتی ہوں

کہ میرا بھی کوئی ہو۔ میرا اپنا۔ مجھے اس پر بالکل اختیار ہو۔۔۔ میں چاہتی ہوں۔۔۔ میں چاہتی ہوں۔۔۔" میری آواز بھرانے لگی۔ آنکھیں جل اٹھیں اور کنپٹیاں دل کی طرح دھک دھک کرنے لگیں۔

"ذاتی ملکیت کا جنون انسانیت کو تباہی کے غار میں دھکیل کر رہے گا۔" فاطمہ جوش کے ساتھ بولی۔ "آپ اس غریب بچی کو اس لیے پالیں گی کہ اس پر آپ کو پورا اختیار ہو۔۔۔ کارل مارکس کہتا ہے۔۔۔"

"چپ رہو مارکس کی نانی۔" زہرہ بڑبڑائی۔ "آپا جانی ہمیں روپیہ دیتی ہیں۔ اس لیے ہمیں یوں ذلیل کرتی رہتی ہیں۔"

"ہاں ہماری بدنصیبی، اس سے پہلے کہ ہم کسی لائق ہوتے ابا مر گئے۔ خیر اطمینان رکھیے ہم زیادہ دن اپنا بوجھ آپ پر نہیں رہنے دیں گے۔" آمنہ نے لحاف کے اندر سے زہرہ کے محاذ پر کمک پہنچائی۔

"اپنی چونچ بند کیجیے مستقل کی استانی جی۔" فاطمہ جھلا کر بولی۔

"بھئی اللہ! میرا جی چاہتا ہے اپنا سر پھوڑ لوں۔ میری حالت کا کسی کو اندازہ نہیں۔ مجھ سے کسی کو ہمدردی نہیں۔ میں کسی سے اپنا دکھ درد نہیں کہہ سکتی اور اگر کہوں تو سب مجھ نکو بنالیتے ہیں۔۔۔ یہ ہے میری وقعت۔۔۔" میں پوری یکسوئی سے رونا چاہتی تھی۔

"چچ چچ۔۔۔" ناظمہ نے کروٹ بدل لی۔ اور میرا جی چاہا اسی وقت خودکشی کر لوں۔

"تو پھر وہ بچی۔۔۔" فاطمہ نے اصل موضوع پکڑا۔ "آپ کل ضرور اسے دیکھ لیجیے آپا جانی۔"

"ہاں کل اسے لے آؤں گا۔ زاہدہ تم اسے پال لو بڑا ثواب ہو گا۔ دستوں کی بیماری میں مبتلا ہے۔ علاج ہو گیا تو ٹھیک ہو جائے گی۔" چچا جان بولے۔

"عذاب ہو جائے گی نگوڑی۔ جو بھی لے اپنے ذمے داری پر لے۔ مجھ سے اب بچوں کی چھیچھالیدر نہیں ہو گی۔ صاف بات ہے۔" اماں نے پھر ایک پہاڑ لڑھکانے کی کوشش کی۔ "میں یہ بھی جانتی ہوں کہ تم میں سے کوئی اسے نہیں پال سکے گا۔ بڑے دل گردے کا کام ہے بچے پالنا۔ ابھی تم لوگوں کو شعور ہی کہاں ہے۔"

"اماں جان! آپ کے ہاں آپا جانی کوئی چودہ سال کی عمر میں پیدا ہوئی تھیں نا؟" فاطمہ ایسے موقعوں پر ہمیشہ زہر چھڑکتی۔ اماں تپ کر چپ ہو گئیں۔

"اگر وہ خوبصورت ہو تو آپ ضرور لے لیجیے۔" ہنسی کے جھٹکوں میں ساجدہ بولی، "گھر بھلا لگے گا بچے سے۔ میں اس کے لیے اچھی اچھی فراکیں سیوں گی۔"

"اس کے باپ سے پکے اسٹامپ پر لکھوا لیجئے گا کہ اس نے ہمیشہ کے لیے بچی ہمیں دی۔ اب اس کا کوئی اختیار نہیں رہا۔" آمنہ کہنے لگی۔

"اچھا اچھا آتو جانے دو۔ لڑکی ذات ہے چار دن میں بڑھ کر اس لائق ہو جائے گی کہ گھر کے چار کام کاج کر دیا کرے گی۔ آپا جانی کے پاؤں دبا دیا کرے گی۔" زہرہ نے کہا۔

"ہاں بڑھاپے میں کچھ تو سہارا ہو گا ان کو۔" ناظمہ اپنے سر پر دندناتے ہوئے بڑھاپے کو بھول رہی تھی۔

"لعنت ہے سب پر۔ ایک معصوم بچی کے لیے بیٹھی غلامی کا جال بن رہی ہیں۔ اس سے تو مر جائے وہ۔" فاطمہ چلائی۔

"اپنی اپنی رائیں محفوظ رکھیے آپ لوگ۔" مجھے ایک دم تاؤ آنے لگا۔ "تمیز بھی ہے بات کرنے کی۔۔۔ چچا جان صبح بچی کو ضرور لے آیئے۔" میں نے اپنا فیصلہ سنا دیا۔

"اچھی بات ہے بابا۔۔۔ اب سب سو جاؤ۔ رات کافی آگئی۔" چچا جان سونے چلے گئے۔

باہر بارش کا شور بڑھ رہا تھا۔

"میاؤں۔۔۔ میاؤں۔" پالتو بلی میرے پلنگ کے نیچے گھوم گھوم کر گویا چچا جان سے نافرمانی کرنے لگی۔۔۔ میں نے اپنا جسم ملائم تکیوں پر گرا دیا۔ ٹھنڈ کی ایک لہر سی میرے جسم میں دوڑ گئی۔ ایک ننھی سی، ہنستی کھیلتی، ہاتھ پاؤں مارتی بچی میرے احساسات پر چھانے لگی۔ زندگی کی تمام محرومیاں اور ناکامیاں جو کانٹوں کی طرح مسلسل کھٹکتی تھیں، اس وقت ذہن میں یوں دب گئیں جیسے تھیں ہی نہیں۔ میری ہنڈیا کھدبد کھدبد پکنے لگی۔ اور میں فاقہ زدوں کی طرح اس کے گرد ناچنے لگی۔

میں اسے لے کر بنگال چلی جاؤں گی۔ ان سب سے دور۔ یہ بہنیں جو جونکوں کی طرح مجھ سے چمٹی ہوئی ہیں، انہیں نوچ پھینکوں گی۔ اس ماں سے دور جسے مجھ سے زیادہ میری کمائی سے محبت ہے، اسے یہیں منہ پھیلائے چھوڑ جاؤں گی۔۔۔ چغد خان بہادر کے داماد پر تو لعنت۔۔۔ میں بنگال پہنچ کر ایک آیا رکھ لوں گی جو خاص طور پر میری بچی کو لیے اسکول میں میرے سامنے رہے گی۔ میں ٹھاٹ سے ہیڈ معلمہ کی کرسی پر بیٹھ کر تمام استانیوں اور لڑکیوں پر حکومت کروں گی۔ اور بچی آیا کی گود میں لیٹی مجھے دیکھ دیکھ کر کلکاریاں مارا کرے گی۔ اسکول سے واپس آکر میں تو بس بچی ہی کے کام میں لگ جایا کروں گی۔ اسے اچھی طرح نہلا دھلا کر خوبصورت سلے ہوئے کپڑے پہناؤں گی، کنگھی کروں گی اور پھر صفائی سے دودھ بنا کر اپنے ہاتھ سے پلاؤں گی۔۔۔

میں خود بنگالی عورتوں کی طرح ایک ہلکی سی دھوتی میں اپنا پورا جسم لپیٹ کر، بال کھول کر، ٹھنڈی ٹھنڈی زمین پہ بیٹھی اس کا پالنا جھلایا کروں گی۔۔۔ چندا کا پالنا، کرنوں کی ڈور۔۔۔ آہا! بیٹا موسیقی کی لہروں میں بہتی پر سکون نیند کے خوبصورت جزیرے میں پہنچ جایا کرے گی۔ اور میں اس کے ننھے ننھے ہونٹوں پر مچلی ہوئی معصوم مسکراہٹ دیکھ کر

مسکرانے لگا کروں گی۔ سچی اور مامتا سے مملو مسکراہٹ۔۔۔ آہ! رات کو میں اسے اپنے پہلو میں لٹا کر لوری دیا کروں گی، آجاری نندیا تو آجا ذرا، بیٹا کو میری سلا جا ذرا۔۔۔ وہ میرے سینے سے لپٹی آنکھیں جھپکا جھپکا کر مسکراتی ہوئی سو جایا کرے گی۔۔۔ زلف بنگال کی سی سیاہ راتوں میں جب میں کوئی خواب دیکھ کر چونکوں گی تو میں تنہا نہیں ہوں گی بلکہ وہ میرے سینے سے لگی ننھی ننھی سانسیں لے رہی ہو گی. آہ میرے میرے اللہ!

اور پھر میری ننھی تھوڑے دن بعد بولنے لگے گی۔ میری باتیں سمجھنے لگے گی۔ میں ہنسوں گی تو وہ قہقہے لگائے گی۔ میں روؤں گی تو وہ اپنے ننھے ننھے ہاتھوں سے میرے آنسو پونچھے گی۔ جب کبھی میں کچھ سوچ کر چپ ہو جایا کروں گی تو وہ میرے چہرے کو اپنے نرم نرم ہاتھوں میں دبا کر اپنی فکر مند آنکھیں میری آنکھوں میں ڈال کر وجہ پوچھا کرے گی اور میں اسے اپنے سینے سے بھینچ لیا کروں گی۔ "میری ننھی! میری بچی! کوئی بات نہیں۔ کوئی بھی بات نہیں۔ کتاب اٹھا لاؤ میں تمہیں پڑھاؤں۔" اور میری ننھی نہایت ذہانت سے فر فر اپنا سبق پڑھ ڈالا کرے گی۔۔۔ اللہ! میری ننھی مجھے مل جائے اللہ! میرا دل مارے خوشی کے زور زور سے دھڑکنے لگا۔

"سنو جی تم لوگ!" میں نے سر اٹھا کر مارے خوشی کے سب کو اپنا اونچا مکان دکھانا چاہا۔ "میں بچی کو صرف اس لیے لے رہی ہوں کہ اسے اپنی بچی سمجھوں۔ سمجھیں تم لوگ؟ خواہ وہ کالی کلوٹی ہو۔ خواہ اس کا نقشہ باورچی خانے میں بکھرے ہوئے جوٹھے برتنوں کی طرح ہو۔ میں اسے ماں بن کر پالوں گی، میں اسے اپنے ساتھ بنگال لے جاؤں گی۔ میری زندگی اب اس کے لیے وقف ہے۔" میرے مکان کے کنگرے آسمان کو چھونے لگے۔

"ہوں۔۔۔! ہوں!" میری بہنیں اس طرح "ہوں ہوں" کرنے لگیں جیسے کہانی

سن رہی ہوں۔

"تم لوگ مجھے کیا سمجھتی ہو؟ کیا میں اتنی قربانی نہیں کر سکتی اس بچی کے لیے؟" مجھے غصہ آگیا۔

"ہیئر۔۔۔ ہیئر۔" ساجدہ نے تالیاں بجائیں۔

"بدتمیز کہیں کی۔۔۔ کمینی۔" میری زبان مارے تاؤ کے اینٹھ کے رہ گئی۔

"زاہدہ!" اماں نے پکارا۔

"کہیے؟" میں نے جیسے پھٹ کر پوچھا۔

"بچی سے محبت کرو گی۔ اس کے لیے زندگی وقف کر دو گی تو دنیا کیا کہے گی؟" اماں کے لہجہ میں بزرگانہ سختی تھی۔

"کیا کہے گی دنیا۔۔۔ میں پروا نہیں کرتی۔ ہاں۔" میں نے ساری دنیا کو جوتی کی نوک پر رکھ لیا۔

"پروا کیسے نہیں کرو گی جب دنیا کہے گی کہ تمہاری حرامی بچی ہے، پڑھی لکھی لڑکیوں کا نام ویسے ہی بدنام ہے۔" وہ کہنے لگیں۔

اڑڑادھم۔۔۔ میرا مکان ڈھے گیا۔

ریل چھوٹ گئی۔ میں خالی پلیٹ فارم پر کھڑی تھی۔ اور کانوں میں انجن سنسنا رہا تھا۔

میں چپ ہوگئی۔ میں اسے اپنی بچی سمجھوں گی اور کہوں گی۔ لیکن کوئی اور کہہ دے گا تو۔۔۔ کوئی اور یہی سمجھے گا تو۔۔۔ میں تو ڈوب مروں گی میرے کنوارپنے پر تو خواہ مخواہ کلنک لگ جائے گا۔ ممکن ہے بنگال میں کوئی میرا منتظر ہو۔۔۔ ممکن ہے۔۔۔ مگر یہ حرامی بچی کا ٹیکہ دیکھ کر کس میں ہمت ہے کہ مجھ سے شادی کرے؟ شادی کی دبی ہوئی خواہش

نے بھرپور وار کیا۔

بھئی اللہ۔۔۔! بھئی اللہ۔۔۔میں پھر الجھنے لگی۔

باہر پھوار گر رہی تھی۔۔۔

***

نیلم

سرد و منجمد رات کا ابتدائی حصہ، کمرے میں بالکل خاموشی طاری تھی اور میں لحاف میں سمٹی سمٹائی ایک افسانے کے پلاٹ پر غور کر رہی تھی۔ ایسی برفیلی راتوں میں سوائے سوچنے کے اور کرتی بھی کیا۔۔۔ لکھنا پڑھنا تو کجا، ایسے میں لحاف سے منہ نکالنا بھی دشوار لگتا ہے۔ دفعتاً میری سب سے چھوٹی بہن چلائی اور پھر ساتھ ہی سب بھائی بہنوں کی دوڑو پکڑو، دروازے بند کر لو، کا شور برپا ہو گیا۔ سب بچے بستروں سے اٹھ اٹھ کر ادھر ادھر دوڑنے لگے۔ اس یکایک قیامت نے مجھے مجبور کیا کہ لحاف سرکا کر دیکھوں کہ ہوا کیا ہے؟

"کیا کر رہے ہو تم سب؟" میں نے ڈانٹ کر پوچھا۔

"کچھ نہیں!" میرا بھائی پلنگ کے نیچے لکڑی سے کھڑبڑ کرتا ہوا بولا۔

"وہ ہے پلنگ کے نیچے۔۔۔ کونے میں!" چھوٹی بہن پھر چیخی اور وہ پلنگ کے نیچے گھس گیا اور چند لمحے بعد جب وہ نکلا تو اس کے ہاتھ میں بلی کی دم تھی۔

"یہ ہے!" وہ اس کی دم پکڑے جیسے اسے جھولا جھلا رہا تھا۔

"میاؤں!" بلی کی نیلی نیلی آنکھیں چمک رہی تھیں۔ مجھے اس کی بے بسی پر رحم آ گیا۔

"اسے چھوڑ دو، ورنہ تمہیں اچھی طرح ٹھوکوں گی۔"

"اچھا؟" وہ آنکھیں مٹکا کر بولا اور بلی کو دھپ سے میرے پلنگ پر پٹخ دیا۔ اب وہ

میری گود میں تھی، دودھ کی طرح اجلی، ریشم کی طرح ملائم اور موسم سرما کی دھوپ کی طرح گرم۔۔۔ میں پیار سے اس پر ہاتھ پھیرنے لگی اور وہ میرے لمس سے خوش ہو کر کوبڑ نکالے، خرخر کرنے لگی۔

"پھینک دو اسے، کیا گود میں لیے بیٹھی ہو؟" اماں بی کو شاید انسان و حیوان کا یہ رشتہ محبت کچھ اچھا نہ معلوم ہوا۔

"واہ! سب نے بے چاری کو بے گناہ اتنا مارا تو میں اسے سہلاؤں بھی نہیں؟" میں نے اس کے منے سے سر پر پیار کرتے ہوئے جواب دیا۔

"بلی بڑی منحوس ہوتی ہے، اس لیے اس کی یہی سزا ہے۔" نانا میاں اپنے بستر پر کلبلاتے ہوئے بول اٹھے۔

"بلی بڑی منحوس ہوتی ہے۔" یہ جملہ میرے کانوں میں لوہے کی گرم گرم سلاخ کی طرح اترتا ہوا معلوم ہوا۔ یہ جملہ میں نے آج سے قبل بھی سنا تھا۔ کب اور کیسے؟

اس دن آسمان پر شام سے سفید اور بھورے بادل ہوا کی لہروں پر سوار ادھر ادھر دوڑتے پھر رہے تھے جیسے کسی بڑے طوفان کی تیاریوں میں مشغول ہوں۔ ہم لوگ رات کا کھانا ذرا جلدی ہی کھا کر اپنے اپنے بستروں میں گھس چکے تھے۔ آتشدان کے سینے میں کوئلے دہک رہے تھے۔ اس کے باوجود کمرہ بالکل سرد تھا۔ ایسا معلوم ہوتا تھا کہ قدرت نے اپنی دنیا کو برف میں لگا کر رکھ دیا ہے۔ باہر ہوا کے سرد جھونکے بند درازوں سے لڑ رہے تھے اور مجھے ایسا محسوس ہو رہا تھا کہ جیسے کوئی ہر پھر کر ہولے ہولے کواڑ بھڑ بھڑا رہا ہے، لیکن کمرے میں بالکل سکوت تھا۔ بس اگر کوئی آواز تھی تو کوئلے کے چٹخنے کی۔ ابا میاں بھاری اوور کوٹ میں لپٹے، آرام کرسی پر لیٹے، آتشدان میں لپکتے جھپکتے سرخ سرخ شعلوں کو گھور رہے تھے اور میں اپنے لحاف سے منہ نکالے بہت غور سے انہیں دیکھ رہی

تھی۔ اب کی جاڑوں میں انہیں نہ جانے کیا وحشت تھی کہ سر شام ہی سب کو بھاری بھاری لحافوں میں دبک جانے کی ہدایت کیا کرتے بس! پانی نہ پیو، زکام ہو جائے گا، بستر سے نہ اٹھو کھانسی آنے لگے گی، لحاف اچھی طرح اوڑھ لو، ورنہ نمونیہ ہو جائے گا، مگر ان تمام احتیاطوں کے باوجود خود انہیں زکام اور کھانسی ستائے ہوئے تھی۔

اماں بی کسی ضرورت سے اٹھیں اور کمرے کے باہر چلیں گئیں اور مجھے بڑی حیرت ہوئی کہ آج خلاف معمول ابا میاں نے گھبرا کر یہ کیوں نہ پوچھا کہ بستر سے کیوں اٹھیں۔ وہ اسی طرح گم سم بیٹھے انگاروں کی لپکتی، تھرتھراتی ننھی ننھی زبانوں کو گھورتے رہے۔۔۔ ادھر اماں بی باہر نکلیں اور ادھر ہوا کے ایک سرد جھونکے کے ساتھ ایک نئی روئی جیسی سفید ننھی منی بلی سردی سے پھولی ہوئی کمرے میں داخل ہوئی اور اپنے گدگدے پنجے بڑھاتی میرے پلنگ کے پاس آکر رک گئی۔

"میاؤں! میاؤں!" جیسے وہ کہہ رہی تھی کہ مجھے بھی سردی لگ رہی ہے۔ اس کی نیلی نیلی آنکھیں کانچ کے دو ٹکڑوں کی طرح چمک رہی تھیں۔ مجھے اس پر رحم آگیا اور میں نے جھپٹ کر اسے اپنی گود میں اٹھالیا۔ ابا میاں نے چونک کر میری طرف اس طرح دیکھا جیسے اب وہ سوال کریں گے کہ تم اتنی سردی میں بلی پکڑنے کیوں اٹھیں؟ میں چند لمحے کے لیے ان کی ناراضگی کے خوف سے دم بخود رہ گئی۔ مگر پھر بھی کچھ تو کہنا ہی تھا اپنی صفائی میں۔۔۔ میں نے اپنا نچلا ہونٹ ذرا لٹکا کر پلکیں پیٹتے ہوئے رونی آواز میں کہا، "آپ ہی تو کہتے ہیں کہ سردی سے نمونیہ ہو جاتا ہے اور پھر بس۔ اب اس بے چاری کو نمونیہ ہو جاتا تو۔۔۔"

ان کے ہونٹوں پر میٹھی سی مسکراہٹ لہرا گئی اور انہوں نے نہایت نرمی سے ہدایت کی کہ میں اپنے بستر پر چلی جاؤں۔۔۔ اور میری حیرت کی کوئی انتہا نہ رہی جب انہوں

نے بلی کے لیے کوئی حکم نہ دیا۔ حالانکہ وہ بلیوں اور دوسرے پالتو جانوروں سے بہت چڑتے تھے۔ میں خوش خوش بلی کو اپنے بستر پر لے آئی۔ اور پھر رات گئے تک ہر طرف سے خالی الذہن ہو کر اس کے صاف ستھرے اور دھنکی ہوئی روئی کے مانند گدگدے جسم سے کھیلتی رہی اور وہ بھی میرے کھیل سے محظوظ ہو کر خرخر کرتی رہی۔ اس رات وہ میرے پہلو میں سوئی اور میں نیند میں بھی اس کے ریشم جسم کی ہلکی ہلکی گرمی برابر محسوس کرتی رہی۔ صبح میری آنکھ بہت ہی سویرے کھل گئی کیونکہ بلی میرے پہلو سے غائب تھی۔ میں چپکے سے اپنے بستر سے اٹھی اور ادھر ادھر ڈھونڈنے لگی۔ آخر وہ آتش دان کے قریب سوئی ہوئی ملی۔ میں اسے پکڑ کر بستر پر لے آئی۔

"بھئی اب بتاؤ تمہارا نام کیا رکھا جائے؟" میں نے اسے اپنی گود میں اٹھا کر سوال کیا اور اس نے بڑے ٹھسے سے میاؤں کہہ کر آنکھیں بند کر لیں جیسے اس نے کہا ہو، "بھئی جو جی چاہے رکھ لو، میں تو بلی ہوں۔ بلی ہی رہوں گی۔" آخر میں نے بڑے سوچ بچار کے بعد فیصلہ کیا کہ اماں بی کی انگوٹھی میں جو نیلا نگ جڑا ہوا ہے اسے وہ نیلم کہتی ہیں اور چونکہ اس بلی کی آنکھیں بھی شیشے کے نیلے ٹکڑے کی طرح ہیں اس لیے اس کا نام بھی نیلم ہی اچھا رہے گا۔

"دیکھو بھئی میں نے تمہارا نام نیلم رکھا ہے۔ تمہیں کوئی اعتراض تو نہیں؟" آخر میں نے بھی اسے اپنا فیصلہ سنا دیا اور اس نے اپنے دانت اس طرح نکوس دیے جیسے اسے میری بات پر ہنسی آ گئی ہو، پھر اپنی چھدری مونچھوں کو مٹکا کر مجھے غور سے دیکھنے لگی۔ شاید وہ یہ سوچ رہی ہو گی کہ انسان بھی عجیب ہوتے ہیں کہ کچھ نہیں تو بیٹھے بٹھائے اچھی بھلی بلی کو نیلم بنا دیا۔۔۔ لیکن میں نے اس کے ان خیالات کی کچھ زیادہ پروا نہ کی اور اسے اپنے ساتھ رکھنے کے متعلق سوچنے لگی۔

ابا میاں نے تو کچھ اعتراض نہ کیا۔۔۔ اماں بی بڑی سیدھی سادی ہیں، انہیں ایسی باتوں سے کیا مطلب۔۔۔ اب رہے دادا میاں، سو وہ تو ضرور ناک بھوں چڑھائیں گے اور چھوٹا بھیا بھی ذرا گڑبڑ کرے گا۔۔۔ مگر خیر! میں اسے اپنے پاس اس طرح رکھوں گی کہ کسی کو شکایت کا موقع ہی نہ ہو۔ خود ناشتہ کرنے سے پہلے اسے ناشتہ کرا دیا کروں گی، کھانا کھانے سے پہلے اسے کھلا دیا کروں گی تاکہ میز پر اچک پھاند نہ کرے۔ رات کو اپنے ساتھ سلاؤں گی۔ دن بھر اپنی گود میں رکھوں گی۔۔۔ مگر بھئی دن بھر کیسے؟ اسکول بھی تو جانا ہوتا ہے۔۔۔ خیر کچھ بھی ہو، میں اسے اپنے ساتھ ہی لے جاؤں گی۔

ان بی نیلم کی آنکھیں کھل جائیں گی ہمارے اسکول کے ٹھاٹ باٹ دیکھ کر، اور پھر سب کی دیکھا دیکھی ذرا تمیز آجائے گی۔۔۔ لیکن استانی جی جو ناراض ہوں گی کہ بلی کو کیوں اسکول لے آئیں۔۔۔؟ تو ایسا کروں گی کہ اسے اپنے ڈیسک میں چھپا دوں گی۔ استانی جی کو کانوں کان خبر بھی نہ ہوگی، پھر چھٹی کے وقت اسے نکال کر سب لڑکیوں کو دکھاؤں گی۔ سب کا دل کیسا للچائے گا۔ کوئی کہے گا ذرا ہمیں گود میں لینے دو اسے، کوئی کہے گا یہ کتنی اچھی ہے۔۔۔ اونہہ! مگر میں کسی کو ہاتھ تھوڑے لگانے دوں گی اپنی نیلم کو۔ تھوڑی دیر بعد میں اسے اٹھا کر اپنے پورے گھر کی سیر کرانے لے چلی۔

"دیکھو بی نیلم! یہ ہے ہمارے ابا میاں کے مطالعے کا کمرہ، ادھر آنے کی تکلیف نہ کرنا کیونکہ تمہارا پیٹ کتابوں سے بھرنے سے رہا۔ یہ دیکھو، کھانے کا کمرہ ہے، تم یہاں آ سکتی ہو مگر ذرا تمیز سے، یہ نہیں کہ برتن ورتن توڑ ڈالو۔۔۔ یہ رہا باورچی خانہ، یہاں جب تمہارا جی چاہے شوق سے آجایا کرنا۔ مگر بھئی بہت ہوشیاری سے کیونکہ یہاں پر موٹلی رحیمن کا راج، اور وہ غصہ ور بھی ہے۔ اگر اس نے کبھی تم کو کسی ہنڈیا میں منہ ڈالے دیکھ لیا تو پھنکنی سے تمہاری ٹانگ توڑ دے گی۔ بس پھر تم لنگڑ دین ٹکے کی تین ہو کر رہ جاؤ گی،

سمجھیں کچھ؟ مگر ٹھہرو تو سہی۔۔۔ یہ تم میری گود سے نکلنے کی کوشش کیوں کر رہی ہو؟ اے لو! کود گئیں دھم سے۔۔۔ اچھا اچھا میں سمجھی تمہیں بھوک لگی ہے۔ لو تو میں تمہیں چپکے سے چائے کا دودھ دیے دیتی ہوں۔۔۔ پی لو۔۔۔ پھر تھوڑی دیر بعد چائے بنے گی تو خوب بہت سی تمہیں دوں گی، اچھا ارے نیلم۔۔۔! تم کتنی جلدی اتنا بہت سا دودھ ہڑپ گئیں۔

خیر شرماؤ نہیں مجھ سے، آؤ اب تمہیں ملاقات کا کمرہ دکھلاؤں۔۔۔ یہاں تم ہر وقت بلا کھٹکے آ جا سکتی ہو۔ ابا میاں کے جتنے دوست آئیں تم بھی ان سے دوستی کر لینا۔ وہ سب مجھے پیار کرتے ہیں۔ اس لیے تمہیں بھی ضرور پیار کریں گے۔۔۔ اچھا وہ دیکھو! وہ ہے سامنے دادا میاں کا کمرہ۔۔۔ کان کھول کر سن لو کہ بھول کر بھی ادھر کا رخ نہ کرنا۔ ورنہ حقے کے نیچے سے تمہاری کمر توڑ دی جائے گی۔ بڑے بکٹ خان صاحب ہیں وہ۔۔۔ نیلم نے میاؤں میاؤں کر کے جیسے میری تمام ہدایتیں مان لیں۔

"کیوں ہجو بیٹا، آج تمہارے ابا میاں اب تک نہیں اٹھے سو کر؟" رحیمن نے مجھ سے سرگوشی کے لہجے میں دریافت کیا۔

"ایں! ہمیں کیا معلوم۔۔۔ لگ رہی ہو گی انہیں سردی۔ کیوں نا نیلم؟" میں نے نیلم کے ریشمی روؤں میں اپنا گال رگڑتے ہوئے کہا۔

"میاؤں" گویا اس نے کہا، "اور کیا؟"

"چلو بھئی نیلم اب اسکول جانے کی تیاری ہو جائے۔" جب میں اور نیلم ڈٹ کر ناشتہ کر چکے تو میں نے تجویز پیش کی۔

"تم یہاں سنگار میز پر بیٹھی رہو۔ ذرا میں فراک تبدیل کر لوں۔ جب تک تم شیشے میں اپنی صورت دیکھو۔۔۔ ارے تم نے کریم کی شیشی زمین پر پھینک دی، بڑی خیریت

ہوئی کہ ٹوٹی نہیں۔ بھئی ہمیں ایسی شرارتیں اچھی نہیں معلوم ہوتیں۔ ہٹو اب کنگھی کرنے دو ہمیں۔۔۔ اچھا دیکھو نیلم! ہم نے اپنے بالوں میں ربن کتنی اچھی طرح باندھا ہے۔۔۔ خوب صورت لگتا ہے نا؟" میں اسکول جانے کے لیے بالکل تیار تھی۔ اب نیلم کو کیسے لے جایا جائے اسکول۔۔۔ میں سوچ میں پڑ گئی۔ آخر ایک ترکیب سمجھ میں آ ہی گئی۔ "آؤ! اب تم میرے اوور کوٹ کی جیب میں بیٹھ جاؤ نیلم۔" میں نے اسے جیب میں ٹھونس لیا۔

"تم اپنے دل میں برا نہ ماننا کہ ہمیں جیب میں رکھ لیا۔ بات یہ ہے کہ اگر تمہیں استانی جی نے دیکھ لیا تو ناراض ہوں گی، بس ذرا دیر کی قید ہے، ان کی نظر ذرا چوکی اور میں نے جھٹ تمہیں ڈیسک میں بٹھایا۔ اسکول پہنچ کر جیسے ہی کلاس روم میں قدم رکھا۔ بد قسمتی سے عین استانی جی کے سامنے جیب کا راز ڈیسک میں بند ہونے سے پہلے ہی نکل بھاگا۔۔۔ استانی جی کی سخت گھڑکیاں اور میرے گرم گرم آنسو! نتیجہ یہ ہوا کہ مع بی نیلم کے مجھے میرے گھر پہنچوا دیا گیا۔ اب راستے بھر اس خوف سے جان نکلتی رہی کہ ابا میاں خوب ناراض ہوں گے۔ ممکن ہے کہ اسی وقت حکم دے دیں کہ نیلم کو گھر سے نکال دو۔ لیکن جب گھر پہنچی تو مجھ سے کوئی باز پرس نہ ہوئی۔ کیونکہ ابا میاں پلنگ پر لیٹے بچوں کی طرح کراہ رہے تھے اور بڑی بڑی مونچھوں والے ڈاکٹر صاحب اپنے آلے سے ان کا سینہ دیکھ رہے تھے۔ اماں بی پردے کے پیچھے سے گھبرا گھبرا کر جھانک رہی تھیں۔

اس دن میں نے رحیمن کی پیٹھ پر سواری گانٹھتے ہوئے پوچھا، "اری ابا میاں کو کیا ہو گیا؟"

"سردی ہو گئی ہے انہیں بیٹا۔" اس نے ایسے کہا جیسے سردی بڑی بری چیز ہے۔ مگر مجھے ذرا بھی فکر نہ ہوئی۔ کیونکہ ابا میاں اتنے موٹے موٹے لحاف اوڑھے تھے کہ سردی کو

بھاگتے ہی بن پڑتی۔ اس دن سے گھر کے سب لوگ تو ابا میاں کے پلنگ سے لگے رہتے اور میں سارا دن مزے سے اپنی نیلم سے کھیلتی رہتی۔ اس دوران میں سوائے اس کے کوئی قابل ذکر واقعہ نہ ہوا کہ اماں بی اکثر چھپ چھپ کر رویا کرتیں، ابا میاں رات دن پلنگ پر لیٹے رہتے اور بہت سے لوگ آ آ کر جب دیکھو جب ان سے یہی پوچھا کرتے کہ طبیعت کیسی ہے۔۔۔؟ نیلم نے کئی بار پتیلی میں منہ ڈالا۔۔۔ رحیمن نے پھکنی ماری اور میں نے رحیمن کو خوب نوچا۔ ہماری نیلم کی ٹانگ میں ذرا سا لنگ ہو گیا۔ میں نے چپراسی کے ہاتھ اسے ڈاکٹر کو دکھانے بھیج دیا۔ لیکن نیلم تھی ایسی احسان فراموش کہ میرے ذرا سے دبوچنے ہی پر اس نے اپنے پنجوں سے کتنے ہی کھرونچے لگا دیے اور ایک دن ابا میاں نے مجھے اپنے پاس بلا کر پیار کیا اور میرے کہنے سے نیلم کو بھی۔۔۔

ایک دن صبح ہی صبح جب میں اور میری نیلم بستر سے اٹھے بھی نہ تھے کہ اماں بی اور دادا میاں کے زور زور سے رونے پر گھر کے سب لوگ رونے لگے۔ نتیجہ یہ ہوا کہ مجھے بھی رونا آگیا۔ میں دوڑی دوڑی اس کمرے میں گئی جہاں ابا میاں لیٹے رہتے تھے۔ اماں بھی ابا میاں کے پلنگ کے پاس زمین پر پاؤں پسارے بیٹھی چلا رہی تھی اور ابا میاں پلنگ پر بالکل خاموش لیٹے تھوڑی سی آنکھیں کھولے انہیں دیکھ رہے تھے۔ ان کے سر سے لے کر ٹھوڑی تک پٹی بندھی ہوئی تھی اور ان کے دانت اس طرح نکلے ہوئے تھے جیسے انہیں اماں بی کی چیخیں سن کر ہنسی آ رہی ہو۔۔۔ میرے دیکھتے ہی دیکھتے اماں بی زمین پر لیٹ کر اپنا سر زور زور سے پٹخنے لگیں اور دادا میاں اپنے سینے پر ہاتھ مار مار کر اپنے ہونٹ اس طرح چبانے لگے کہ ان کی سفید داڑھی کے بال ایسا معلوم ہوتا تھا کہ منہ کے اندر چلے جائیں گے۔

میں یہ منظر دیکھ کر ڈری اور وہاں سے بھاگ کر ایک دوسرے کمرے میں گھس گئی۔

میرے پیچھے میری نیلم بھی آگئی۔ لیکن اس وقت مجھے اس سے کوئی دلچسپی نہ ہوئی۔ میرے کانوں میں تو رونے چلانے کی آوازیں بے شمار سوئیوں کی طرح چبھ رہی تھیں۔ میں بڑی دیر تک کمرے کے ایک کونے میں زمین پر اماں بی کی طرح پاؤں پسارے بیٹھی رہی اور نیلم بھی کچھ بولائی ادھر ادھر پھرا کی۔

"میاؤں! میاؤں۔۔۔! ہائے ہائے۔۔۔ آہ۔۔۔ اف!" میں ان لرزا دینے والی صداؤں میں بالکل غیر شعوری طور پر گھر گئی۔ یہ سب کیا ہو رہا ہے۔۔۔؟ یہ میری سمجھ سے بالا تھا۔ لیکن میں بار بار یہ محسوس کر رہی تھی کہ گھر کے موجودہ حالات سے میرا کوئی نہ کوئی تعلق ضرور ہے۔ ابا میاں کی ہنسی، اماں کی چیخیں اور زمین پر لوٹنا، دادا میاں کا سینہ کوٹنا اور منہ میں گھستے ہوئے داڑھی کے بال۔۔۔ یہ سب کچھ یونہی تو نہ تھا۔

بڑی دیر بعد موٹی تھل تھل رحیمن جھومتی جھامتی منہ بسورے کمرے میں داخل ہوئی اور مجھے زمین پر بیٹھے دیکھ کر اس طرح منھ کھولے اور آنکھیں پھاڑے بڑھی کہ میں سمجھی یہ کم بخت ضرور ایسے برے وقت میں میری تمام شرارتوں کا بدلہ لے گی مگر۔۔۔ اس نے مجھے گود میں اٹھالیا اور اپنے بدبودار چکٹے سینے میں بھینچ لیا۔۔۔ میرے نتھنوں میں قسم قسم کے سالنوں اور پسینے کی ملی جلی بدبو چڑھ گئی۔ لیکن نہ جانے کیوں میں اس سے الگ ہونے کے بجائے اور زیادہ چمٹ گئی۔ وہ مجھے دبا دبا کر بھرائی ہوئی آواز میں کہنے لگی،

"ہائے بچی، رو! تم آج یتیم ہو گئیں۔۔۔ تمہارے ابا مر گئے۔"

اتنا کہہ کر وہ پھسر پھسر رونے لگی اور ساتھ ہی میں بھی بلک اٹھی۔ جانے کتنا روئی اور کب تک روئی۔ اور پھر اسی حالت میں سو بھی گئی۔۔۔ جب آنکھ کھلی تو گھر میں سناٹا تھا۔ میں ڈری کہ سب مجھے چھوڑ کر کہیں چلے گئے شاید۔۔۔ میں نے ڈرتے ڈرتے باہر جھانکا۔ آنگن میں بہت سی عورتیں جمع تھیں اور ان کے درمیان اماں بی گھٹنے پر ٹھوڑی رکھے، بڑی

بڑی آنکھیں میچے آنسو بہا رہی تھیں۔ اس وقت ان کے ہاتھوں میں چوڑیاں بھی نہ تھیں۔ حالانکہ صبح تک کلائیوں میں کھنک رہی تھیں۔۔۔ اور آج تو انہوں نے اپنے بالوں میں کنگھی کر کے چوٹی بھی نہ گوندھی تھی۔ بلکہ لمبے لمبے بالوں میں خاک دھول اٹی ہوئی تھی۔۔۔ میں دوبارہ سہم کر کونے میں دبک رہی۔ اب مجھے نیلم کا خیال آیا۔۔۔ وہ نہ جانے کہاں چلی گئی تھی۔ میں سوچنے لگی کہ اگر وہ ہوتی تو اس سے پوچھتی کہ تجھے معلوم ہے نیلم، یہ سب کیا ہو رہا ہے؟ کمرے سے باہر نکلتے ڈر معلوم ہو رہا تھا۔ اس لیے وہیں بیٹھی اس کا انتظار کرتی رہی۔ تھوڑی ہی دیر بعد وہ دم ہلاتی، میاؤں میاؤں کرتی آئی اور میں نے اسے پکڑ کر اپنی گود میں بٹھا لیا۔

"نیلم! رحیمن کہتی تھی کہ ابا میاں مر گئے۔" میں نے کہا۔ نیلم نے اپنی نیلی نیلی آنکھوں سے مجھے تاکا۔ ایسا معلوم ہوا کہ نیلی کانچ کی دیواروں کے پیچھے بہت سے آنسو ٹپک جانے کے لیے سر ٹکرا رہے ہیں۔

"میاؤں!" میں سمجھی کہ وہ کہہ رہی ہے، "ہائے۔" پھر وہ اپنی لمبی دم اس طرح زمین پر پٹخنے لگی جس طرح اماں بی اپنا سر پٹخ رہی تھیں۔ اس روز شام کو دستر خوان پر سوائے ماش کی کھچڑی کے کچھ بھی نہ تھا۔ جو نہ تو مجھ سے کھائی گئی اور نہ میری نیلم سے۔۔۔ اس کے بعد اماں بی تھوڑی تھوڑی دیر بعد روتی رہیں۔۔۔ دادا میاں رہ رہ کر اپنا سینہ کوٹتے رہتے۔ آئے گئے بھی ہائے وائے کرتے رہے اور رات بھر بادل چیخ چیخ کر روتے رہے۔ صبح میری آنکھ اس وقت کھلی جب دادا میاں زور زور سے کہہ رہے تھے، "بہو! تم نہ مانو لیکن بلی بڑی منحوس ہوتی ہے۔"

میں نے گھبرا کر اپنے پہلو میں نیلم کو ٹٹولنا چاہا۔ وہ غائب تھی۔ میں نے لحاف سے منہ نکال کر دیکھا تو اس کی پیاری سی گردن دادا میاں کے سوکھے ہوئے پنجوں میں تھی۔ میں

دیوانوں کی طرح دوڑی اور اس کی گردن کو ان کی گرفت سے آزاد کرانا چاہا۔۔۔ لیکن۔۔۔ لیکن! میرے گال پر ایک طمانچہ پڑا اور میری امنڈتی ہوئی آنکھوں کے سامنے ہر چیز دھندلی پڑ گئی۔

"ابا میاں! اے ابا میاں! بلی کو مارنا بھی تو بڑا منحوس ہوتا ہے۔" اماں بی کی صورت میری آنکھوں کے سامنے چھائی ہوئی دھند میں اچانک ابھر آئی۔ ان کی آنکھیں سرخ تھیں اور پپوٹے بھاری ہو کر آنکھوں پر جھک آئے تھے۔

"بہو! میں اس منحوس کو اپنے گھر نہیں دیکھ سکتا۔" دادا میاں ہونٹ چبا چبا کر کہنے لگے۔ ان کی دھنسی ہوئی آنکھیں جیسے حلقوں سے ابلی پڑ رہی تھیں۔

"مگر دادا میاں! یہ تو ابا میاں کے سامنے گھر آئی تھی۔ اور انہوں نے اسے کچھ بھی نہ کہا تھا۔" میں نے اپنی نیلم کو ان سے لینے کی کوشش کرتے ہوئے کہا۔

"وہ کچھ کہتے کیسے؟ اس منحوس نے تو ان کی زبان ہی بند کر دی تھی۔" دادا کی آنکھوں میں ایک دم آنسو آ گئے۔ لیکن نیلم کی گردن ابھی تک ان کی گرفت میں تھی۔ دادا میاں نے میرے سر پر ہاتھ پھیرتے ہوئے کہا، "بچی! بلی بڑی منحوس ہوتی ہے۔ دیکھو جس دن یہ گھر میں آئی موت کو ساتھ لائی، تمہارا باپ چٹ پٹ ہو گیا، ہرا بھرا باغ اجڑ گیا۔ میرے بڑھاپے کی لاٹھی چھن گئی اور۔۔۔" ان کی آنکھیں جیسے حلقوں سے ابل پڑیں، چہرہ لال انگارہ، داڑھی کے بال کھڑے ہو گئے اور پھر وہ جھپٹ کر اپنے کمرے میں چلے گئے۔۔۔ اماں بی ہانپتی کانپتی اٹھیں اور ان کے کمرے میں کے بند کواڑوں کے پاس جا کر کہنے لگیں، "ابا میاں! میں ہاتھ جوڑتی ہوں۔۔۔ اس کی جان نہ لیجیے گا۔" اتنا کہہ کر ان کی آواز بھرا گئی اور وہ اپنے ننگے ہاتھ بھیگے زرد گالوں سے لگا کر رونے لگیں۔

میں خوف سے لرزتی ہوئی دوبارہ اپنے بستر پر آئی جس پر میری نیلم کے کئی ایک

سفید روئیں کانپ رہے تھے۔۔۔ میں لحاف میں گھس گئی اور سسک سسک کر سوچتی رہی کہ دادا میاں کہتے ہیں، "نیلم اپنے ساتھ موت لائی۔" مگر وہ تو بالکل اکیلی تھی۔ سبھی نے یہی دیکھا تھا۔۔۔ دادا میاں اتنے بڈھے ہو کر جھوٹ بولتے ہیں۔۔۔؟ اور پھر یہ بات تو کسی طرح سمجھ میں آتی ہی نہ تھی کہ ابا میاں کے چلے جانے سے نیلم کا کیا تعلق؟

"تم نے اب تک نہیں پھینکی یہ منحوس؟" نانا میاں نے زور سے کہا اور جیسے یادرفتہ کا فلم اچانک جل اٹھا۔ میں نے اپنی گود کی نرم و گرم بلی کو غور سے دیکھا۔ اس کی نیلی نیلی آنکھیں ایسی معصوم ہو رہی تھیں جیسے کانچ کے ننھے ننھے آسمانی پیالوں میں لرزتا ہوا شفاف پانی۔ میری طبیعت بہت زیادہ اداس ہو رہی تھی۔

"اماں بی! ایک بات تو بتایئے۔"

"کیا بات؟" وہ حیرت سے بولیں۔

"نیلم، میرے بچپن کی چہیتی بلی کا کیا انجام ہوا تھا؟"

"اسے تمہارے دادا میاں اپنے ہاتھ سے بوری میں بند کر کے تالاب میں پھینک آئے تھے۔ وہ ڈرتے تھے کہ کہیں پھر وہ گھر واپس نہ آجائے۔" ان کی آواز میرے کانوں میں اس طرح آرہی تھی جیسے آندھی کے جھکڑوں میں کوئی دور سے متواتر پکار رہا ہو۔

"دھپ!" روئی جیسی بلی توہم پرست انسانوں کی شقی القلب پر تڑپی اور گود کھڑکی سے نکل بھاگی۔

نیلم نیلم! میرے دماغ پر وہ دھنکی روئی کا چھایا ہوا ملائم تودہ آہستہ آہستہ بھاری ہونے لگا۔

٭٭٭

محبت اور۔۔۔

باہر خوب زور شور سے آندھی چل رہی تھی۔ لیمپ کی مدھم سی روشنی میں کمرہ خوفناک معلوم ہو رہا تھا۔ ماں آہستہ آہستہ قدم اٹھاتی بند دروازے کی طرف بڑھی لیکن اچانک پلٹ کر لیمپ کی بتی اونچی کر دی۔

"میری بچی، میرا تو کلیجہ پھٹا جا رہا ہے۔۔۔ تم اس طرح نہ سوچو، میں پھر کہتی ہوں، ہائے مجھ جنم جلی کے منہ سے اپنی باتیں کیوں نکل گئیں۔۔۔" ماں نے گڑگڑا کر کہا، اس کی آنکھوں میں جوانی کی چمک کے ساتھ ایک بار پھر آنسو اُمڈ آئے۔ وہ شام سے ہی اپنی بیٹی کے پاس بیٹھی ہوئی تھی کہ اچانک اس نے دکھوں کی لمبی داستان چھیڑ دی تھی۔ اور اب آٹھ بجنے والے تھے۔ اس داستان کا عروج آٹھ بجے ہونے والا تھا، کیونکہ وہ ٹھیک اسی وقت اس کی بیٹی سے ملنے آنے والا تھا۔ لڑکی ابھی تک برف کی سل کی طرح منجمد بیٹھی تھی مگر جیسے قطرہ قطرہ کر کے پگھل رہی تھی۔ لیمپ کی سونی روشنی میں اسے اپنی ماں کا چہرہ خوبصورت اور جوان لگ رہا تھا، دہانے کے گرد گہری ہوتی ہوئی قوسیں اور کنپٹیوں پر جھریوں کے مہین جال غائب سے تھے۔ کشمشی رنگت کے پپوٹوں تلے کپکپاتے ہوئے آنسو اور خشک ہونٹ۔ اسے اپنی ماں ایک خوبصورت ننھے کی موت پر لکھے ہوئے مرثیے کی طرح نظر آ رہی تھی۔

"میری بچی، میں کہتی ہوں۔ میں زندہ ہی کیوں رہی۔ میں پیدا ہوتے ہی کیوں نہ

مر گئی، جو آج اپنی اولاد کی خوشیوں پر سانپ کی طرح کنڈلی مار کر بیٹھی ہوں۔" ماں بین کرتے ہوئے آواز سے رونے لگی۔۔۔ اور پھر قریب کی پولیس چوکی پر آٹھ کا گجر سن کر پاگلوں کی طرح بھاگ کر کمرے سے نکل گئی۔

"ہنھ۔۔۔ پتہ نہیں مجھے آپ کتنا پتھر سمجھتی ہیں، میں اندھی ہو گئی تھی۔ آپ نے مجھے آنکھیں دیں۔ میں آپ پر سے قربان، امی سنیے تو سہی۔" لڑکی کی مضبوط آواز چیختی غراتی آندھی میں ذرہ ذرہ ہو کر بکھر گئی۔ لیکن ماں واپس نہ آئی۔۔۔ لڑکی نے جیسے ایک دم تھک کر آنکھیں موند لیں۔ آندھی بدستور غرا رہی تھی، بند کھڑکیوں پر ننھے ننھے کنکر بج رہے تھے اور کھلا ہوا دروازہ بھی دھڑ سے بند ہو جاتا اور کبھی اچانک کھل کر خاک، دھول اور سوکھتے پتوں کا ایک ریلا اندر بلا لیتا۔ لڑکی میں ہلنے تک کی سکت نہیں تھی، لیکن اسے اپنا رواں رواں حساس اور بیدار معلوم ہو رہا تھا۔ اسے اپنے تمتماتے ہوئے چہرے پر خاک کے ذرات تک کا لمس محسوس ہو رہا تھا، ٹھنڈے سوندھے، چمکتے ہوئے ذرات اس کے جوان چہرے کو وحشیانہ انداز سے چھوتے اور پھر بے جان ہو کر جلد پر گر جاتے۔

پتہ نہیں کیسے تصورات کی کڑیاں جھنجھنا کر ملتی ہی چلی گئیں، تمتمایا ہوا چہرہ نازک سی موم بتی بن گیا اور خاک کے بے وقعت ذرے جیتے جاگتے پتنگے! آندھی کا جوش و خروش بڑھتا ہی گیا اور بجلی تھی کہ پھٹی پڑتی۔

"اب شاید ہی وہ اس وقت گھر سے نکل سکے، آندھی بھی تو غضب کی ہے۔" لڑکی نے افیونیوں کی طرح بے دلی سے سوچا، اور پھر خود کو آندھی کے طلسم میں کھو دیا۔ اسے آندھیوں میں چلتی ہوئی تیز ہواؤں سے عشق بھی تو تھا۔ وہ ہمیشہ ایسے گونجتے گرجتے، بولتے گاتے موسم میں بہک کر سوچا کرتی، بس ایسے ہی سہانے سمے میری زندگی میں کوئی بڑی خوبصورت، کوئی بڑی غیر معمولی بات ہو گی! اور اس وقت ایک غیر معمولی بات

ہو گئی۔ تیزی سے بند ہوتے ہوئے دروازے کے پٹ بیچ ہی میں ٹھہر گئے اور وہ زور کرتے ہوئے پٹوں کے درمیان تنا ہوا کھڑا تھا۔ گلابی سا چہرہ اور دھول سے اٹے ہوئے بال۔

"آندھی، طوفان، جنگل، مندر، موت اور زندگی۔ میں اپنے راستے کی ہر رکاوٹ کو ٹھکراتا تیری آواز کی بازگشت بن کر تجھ تک پہنچوں گا۔" ایک بھولی بسری نظم کے چند مصرعے لڑکی کی یادداشت سے ابھر کر کمرے کی فضا پر چھا گئے۔ لڑکی نے جلدی سے اپنے چہرے پر نثار ہو کر مرنے والے خاک کے ذروں کو رگڑ کر آنچل میں دفن کر لیا۔ لیکن فضول ہی تو؟ ذرا دیر پہلے اس نے اپنی ماں سے وعدہ کیا تھا کہ وہ اپنے چہرے پر لڑکے کی نظر بھی نہ پڑنے دے گی۔ لڑکی کے دانتوں تلے ریت سی آ گئی۔ لڑکے نے اپنی پیٹھ کو اڑوں سے لگائے لگائے ہاتھ اونچا کر کے دروازے کی چٹخنی چڑھا دی۔ اور اس کا چوڑا تندرست سینہ اس ادا سے اور بھی جاذب معلوم ہونے لگا۔ لڑکی کے سینے پر جیسے کسی نے انگلی رکھ دی۔ وہ تیزی سے پیٹھ موڑ کر کھڑی ہو گئی۔ آندھی بپھر بپھر کر دروازہ کھٹکھٹانے لگی۔ کمرے میں خاک کے ذرے ناچ رہے تھے، لیمپ کی بتی بس یوں ہی لرز رہی تھی۔

"میں آ گیا" لڑکے نے سیاہ روؤں سے بھرا ہوا مضبوط ہاتھ لڑکی کے کندھے پر رکھ دیا۔ بھاری آواز، اتنی نرم، اتنی گداز اور اتنی دھیمی بھی ہو سکتی ہے؟ لڑکی سے جیسے کسی اور نے پوچھا اور یہ بھی تو پوچھا کہ کیا تو یہ ہاتھ سچ مچ جھٹک سکتی ہے؟

"چپ رہو۔ چپ رہو بھئی۔" لڑکی نے خود کو ڈپٹ دیا۔

"ارے کیا ہوا بھئی۔" لڑکا گھبرا کر ہکلانے لگا۔

لڑکی گھوم کر تیزی سے کرسی پر بیٹھ گئی۔ کمرے میں ذرا دیر کو غیر متوقع سی خاموشی چھا گئی، "میں تم سے شادی نہیں کر سکتی، میں تم سے سچی محبت نہیں محسوس کرتی، اس لیے تم مجھ سے کوئی امید مت رکھو، سمجھے!" لڑکی نے پورے سکون سے اس کی آنکھوں میں

آنکھیں ڈال کر کہا۔

"میں۔۔۔میں۔۔۔" لڑکے کی زبان اینٹھ گئی، وہ کانپ رہا تھا۔

"میں کہہ چکی، اب تم جاؤ۔" لڑکی نے مضبوط آواز میں پھر کہا، اور منہ پھیر کر لیمپ کی طرف دیکھنے لگی، جس کی بتی کسی خرابی کے باعث موہوم طریقے پر لرز رہی تھی۔

"تمہیں کیا ہو گیا ہے، میں تمہارے بغیر زندہ نہیں رہ سکتا، تمہیں میرے خلاف کسی نے بھڑکایا ہے؟ بتاؤ آخر بات کیا ہے۔ میرا دماغ پھٹ جائے گا۔ تم سے چھٹ کر میں اپنی جان دے دوں گا، اگر ایسی ہی بات ہے تو میں ایک لمحہ زندہ نہیں رہ سکتا۔" لڑکے نے بے قرار ہو کر گھٹنے ٹیک دیے اور اپنا سر لڑکی کی گود میں ڈال دیا۔ اچانک وہ بچوں کی طرح سسکنے لگا۔

"میں کہہ چکی بھئی۔" وہ بیزاری سے اٹھ کر دیوار کی دھندلی سفیدی میں کوئی نہایت اہم تحریر پڑھنے کی کوشش کرنے لگی۔ اور یہ انہماک اس وقت تک رہا جب تک کہ آندھی کے ایک بھیگے ہوئے جھونکے نے اسے دیوار کی طرف ایک پینگ سانہ دے دیا۔ کھلے دروازے کے پٹ کبھی دھڑاکے سے کھل جاتے اور کبھی پراسرار طریقے پر بند ہو جاتے۔

"وہ چلا گیا۔۔۔ وہ مجھے چھوڑ کر چلا گیا؟" لڑکی ہونٹوں کے زاویے بگاڑ کر منمنائی۔ ٹھوڑی سمٹ گئی، جسم کپکپایا، اور وہ ٹھنڈی مٹھیوں سے اپنی آنکھیں ملنے لگی، گرم گرم آنسوؤں سے انگلیاں تر ہو گئیں۔ تب وہ ایک ہلکی سی آواز میں رونے لگی۔ تیز ہواؤں کے ساتھ پانی کی موٹی موٹی بوندیں دروازے کے اندر پختہ فرش پر بج رہی تھیں۔ لڑکی کا کلیجہ کٹا جا رہا تھا اور وہ بس روئے چلی جا رہی تھی۔ ایسے خوبصورت پرشور رومینٹک موسم میں یہ کچھ بھی ہونا تھا؟ اس خیال سے اس کے صبر وضبط کا بند پارہ پارہ ہوا جا رہا تھا۔

ایک ایسے ہی پر شور موسم اور سرمگیں شام کو لڑکی نے لڑکے کی طرف پہلی بار غور سے دیکھا تھا۔ لڑکا اپنی بالکنی کی جالی پر جھکا ہوا پیتل کی لٹیا سے چلوؤں پانی کی کلیاں کیے جا رہا تھا اور رہ رہ کر منہ دھوئے جا رہا تھا۔ اور اتنی گونج گرج سے کھنکار اور تھوک رہا تھا کہ وہ اپنے کمرے کی کھلی کھڑکی پر جھومتے ہوئے بوندوں کے سہرے میں سے جھانک کر اسے دیکھنے لگی۔

"کیسا احمق بور آدمی ہے۔ بھلا ایسے پیارے ٹھنڈے سمے میں بالکنی میں کھڑے ہو کر بارش کا تماشہ دیکھنے کے بجائے کوئی یہ حرکت کرتا ہے۔" اور وہ اپنے ننھے بھائی کو گود میں اٹھا کر ہنسی تو ننھا بھی تالیاں بجا بجا کر لڑکے کی نقل کرنے لگا۔ لڑکے نے اٹھا ہوا چلو گرا دیا، اور دو ہنستے ہوئے چہرے دیکھ کر بوکھلایا ہوا اندر بھاگ گیا۔ لڑکی کو اس کے بھاگ جانے سے موسم کچھ سونا سا لگنے لگا۔ مگر نہیں، اس ہلکے سے واقعے کے بعد مطمئن اور آسودہ حال بھولا نوجوان اس سے بھاگ کر نہ جا سکا۔ بھلا ایسے گرم ملک میں، ایسے بھیگے بھیگے خنک موسم میں ملی ہوئی نظروں کو دل کے پار ہونے میں دیر ہی کیا لگتی ہے۔ لڑکا شرمیلا اور کنوارا تھا اور اپنے اونچے افسر قسم کے چچا کی وجہ سے ایک بڑی ملازمت کا امیدوار۔ لڑکی نو عمر تھی اور گھر کا ماحول اداس اداس۔ اس نے مارا ماری میں بی۔ اے کرنا چاہا مگر فیل ہو گئی اور اب ایک سڑے سے پرائیویٹ اسکول میں پڑھاتی تھی۔ اور اسکول کو ترقی کرتے دیکھ کر ہمیشہ اس ڈر سے کانپتی رہتی کہ دیکھو کب نکالی جاؤں۔۔۔

لڑکی کے ابا نے ننھے میاں کی پیدائش سے پہلے ہی اس کی ماں کو طلاق دے کر ایک موٹی سی بیوہ عورت سے شادی رچالی تھی اور اب ایک بہت معمولی سی رقم اپنے بچوں کے گزارے کے لیے ہر ماہ بھجوا دیتے۔ جسے لڑکی کے چھوٹے بیکار ماموں اپنے پاس رکھتے اور ہر اتوار کو سینما سے آ کر سب کو فضول خرچی کے خلاف لیکچر دیا کرتے اور ساری مصیبت کا

ذمہ دار بچوں کی بد قسمتی کو قرار دیتے۔ لڑکی کے بھائی بہن جب اسکول چلے جاتے اور جب وہ اپنے محلے کے سڑے سے پرائیویٹ اسکول پہنچنے کے لیے برقعے کی ڈوریاں کسنے لگتی، تو وہ دیکھتی کہ ماں باورچی خانے سے اٹھ کر تخت پر رکھی ہوئی سلائی کی مشین پر جا بیٹھتی، اور دن بھر شہر کے درزیوں کے توسط سے آئے ہوئے کپڑے سیتی رہتی۔ اور رہ رہ کر ہونٹ بھینچ کر زمین پر تھوک دیتی اور شام کو جب وہ اسکول سے بھیجا پچی کر کے گھر آتی تو ماں سلائی کی مشین سے اٹھ کر باورچی خانے میں پہنچ جاتی۔ یہ سارے حالات، یہ اتنے بہت سے دکھ لڑکی کو جیسے جنم جنم کے لیے چلچلاتی دھوپ میں کھڑا رکھتے اور اسے ہر وقت اپنے گلے پر ایک گرفت سی اور آنکھوں میں نمی سی محسوس ہوتی رہتی۔

مگر جب یکساں سے عام دنوں سے الگ کسی دن سورج نہ دکھتا اور رات، ستاروں کا غبار نہ پھیلتا۔ تیز تیز ہوائیں چلتیں یا آسمان سے زمین تک نمی ہی نمی پھیل جاتی، بوندیاں گاتیں، کواڑ بجتے اور دن سرمگیں ہوتا یا رات گھور اندھیری، گونجتی گرجتی ہوئی تو وہ جیسے اپنے گلے کی گرفت کو جھٹک کر ایک لمبی سانس لے سکتی۔ اس کی مٹھیاں کس جاتیں اور جلتے ہوئے چہرے پر تیز اور ٹھنڈی پھوار اتنی اچھی لگتی کہ بس۔۔۔ وہ خوابوں کی جھیلوں پر کنول کی طرح کھل کر انگڑائیاں لیتی۔۔۔ وہ پہاڑوں پر ہرنیوں کی طرح کودتی ان کی چوٹیوں تک پہنچ جاتی، جہاں بارہ ماہ برف جمی رہتی۔ وہ گھنے جنگلوں میں جا کر گم ہو جاتی، جہاں اونچے اونچے درختوں کی جھکی جھکی شاخوں تلے ٹھٹک کر کچھ مزے کی باتیں سوچنے لگتی۔۔۔

وہ دارجلنگ پہنچ جاتی جہاں چائے کے ڈھلوان باغوں کو زرد رو آسامی لڑکیوں کو، اور بازاروں میں پڑے ہوئے انناسوں کے ڈھیروں کو بادل اتر اتر کر چھوتے اور راہیوں کے ساتھ ساتھ بے تکلف دوستوں کی طرح چلتے۔۔۔ اور وہ جغرافیہ کی لگائی بجھائی سے

متاثر ہو کر اپنی زندگی کی سب سے پرانی آرزو کے مطابق چراپونجی بھی پہنچ جاتی۔ جہاں کی خاک میں بادل دنیا کے سارے بادلوں سے زیادہ پانی ٹپکاتے رہتے۔ جہاں یہ بادل بانس کی جھونپڑیوں میں گھس کر دند مچا دیتے۔ ہاتھ کو ہاتھ نہ سوجھتا۔ اور پھر کوئی مضبوط سا ہاتھ بڑھ کر اس کی بھینچی ہوئی مٹھیاں کھول دیتا۔ اور وہ خواب ہی خواب میں یوں محسوس کرتی جیسے اس کا وجود پھیل رہا ہے اور بہہ رہا ہے۔

لیکن آج تو جیسے لڑکی کا سارا وجود ہمیشہ کے لیے سمٹ سکڑ کر میدانوں میں پڑی ہوئی ایک چھوٹی سی تنہا چٹان میں تبدیل ہو گیا تھا، اور اب وہ اس حادثے پر سسک سسک کر بچوں کی طرح رو رہی تھی۔ اور اس کا خوابوں بھرا موسم اپنے شباب پر تھا۔ آج شام ہی کی تو بات ہے کہ لڑکی کے چھوٹے بھائی کے ہاتھ لڑکے نے کتاب میں ایک پرچہ رکھ کر بھجوایا۔ اس میں لکھا تھا، "اب ہمیں ہمیشہ اکٹھے رہنے کے متعلق سوچنا ہے، آج پی، سی، ایس کا نتیجہ آگیا ہے، میں کامیاب ہوں۔ میں آج آٹھ بجے تم سے اور تمہاری امی سے ملنے آؤں گا۔"

لڑکی اسکول سے آکر غسل خانے میں گنگنا کر نہا رہی تھی۔ چھوٹے بھائی نے گھر میں آکر آپا آپا کا شور مچا دیا۔ اور جب آپا نظر نہ آئی تو لڑکے کی دی ہوئی کتاب ایک طرف ڈال کر اماں کی مشین میں انگل بید کرنے لگا اور جب کافی دیر بعد لڑکی غسل خانے سے سیپ کی طرح نکھری ستھری بالوں سے پانی ٹپکاتی نکلی تو ماں نے سلائی کی مشین سے اٹھ کر کتاب اور پرچہ الگ الگ اسے پکڑا دیا۔ لڑکی پرچہ پڑھتی رہی اور اس کے بھورے بالوں سے ٹپکتا ہوا پانی نیلی تحریر کو کاغذ پر پھیلاتا رہا، ماں سکون سے سلائی کرتی رہی اور بیٹی اس ننھی سی تحریر کو پڑھ ہی نہ سکتی تھی۔

اور تانبے کی طرح تپتے ہوئے آسمان پر رینگتے ہوئے سفید سفید بادل کبھی ڈوبتے

سورج سے دست و گریبان ہو جاتے، کبھی شعاعوں کے دھکے کھا کر افق سے بھی پرے لال لال ہو کر دھنس جاتے۔ چھوٹی سی انگنائی کی دیوار پر اچکتے ہوئے کوے کے پروں پر کبھی سونے کی چمک پھر جاتی اور کبھی کاجل سے بھی گہری سیاہی۔

اور جب لڑکی اپنے کمرے میں پہنچ کر پلنگ پر چپ چاپ پاؤں لٹکائے بیٹھی تو ماں کو اپنی طرف آتا دیکھ کر اس کا چہرہ شرم سے لال ہو گیا۔ لمبی لمبی انگلیاں گدگدی ہتھیلی میں پیوست ہو گئیں۔ لڑکی کا جی چاہا کہ رخصت ہوتی ہوئی دلہنوں کی طرح وہ بھی ماں کے پہلو میں منہ چھپا کر ہولے ہولے رونے لگے۔ ماں ناراض بھی تو نظر نہ آتی تھی۔ آخر اس نے اتنی اچھی ماں کو یہ بات خود ہی کیوں نہ بتا دی؟ ماں نے لڑکی کے قریب بیٹھ کر اسے کندھے سے لگا لیا اور لڑکی سرخ پڑ کر رونے لگی تھی۔

"وہ سامنے والے گھر کا لڑکا ہے نا؟" ماں نے پوچھا تھا۔ لڑکی نے جھجکتے ہوئے اثبات میں گردن ہلا دی۔

"میں نے اسے کئی بار دیکھا ہے، بہت پیارا لڑکا معلوم ہوتا ہے۔ تم رومت، اس میں رونے کی کیا بات ہے، ساری لڑکیاں ایک دن ماں کو چھوڑ کر چلی جاتی ہیں، میں تو بہت خوش ہوں، بیٹی تو پرایا مال ہے۔" اتنا کہہ کر ماں کی آنکھوں سے آنسو بہنے لگے، وہ ہونٹ بھینچ کر، کانپتی ہوئی انگلیوں سے آنسو پونچھنے لگی، جن کی پوریں سوئی کی نوک نے ادھیڑ کر رکھ دی تھیں۔

"امی اب آپ کیوں رو رہی ہیں؟" لڑکی نے پوچھا۔

"میں تو یوں ہی رو رہی ہوں، آنکھوں کو، آنسو بہانے کی عادت جو ہے، میں تو بہت خوش ہوں۔" اتنا کہہ کر ماں اور بھی پھوٹ پڑی۔ اس کا چھریرا جسم سسکیوں سے لرز لرز گیا، "سب مرد تمہارے ابا جیسے تھوڑی ہوتے ہوں گے۔ وہ لڑکا تو بہت معصوم معلوم ہوتا

ہے، وہ تم سے محبت کرے گا، تمہارا دل نہیں دکھنے دے گا۔ میں تو یہ سوچ کر پھولے نہیں سماتی۔ وہ تمہیں اپنے ساتھ لے جائے گا، تمہیں ہر قسم کا سکھ دے گا۔ اللہ نے چاہا تو سب ٹھیک ہی ہو گا۔" ماں نے رک رک کر یہ سب کہا اور پھر ہلکی ہلکی آواز سے رونے لگی۔

"امی جب آپ خوش ہیں تو پھر رو کیوں رہی ہیں۔" لڑکی نے حد درجہ پریشان ہو کر ماں سے پوچھا تھا اور ماں کے "کچھ نہیں" پر مصر رہنے کے باوجود وہ ماں سے لپٹی رہی اور اس کے رونے کی وجہ سے پوچھتی رہی۔ اور آخر بڑی دیر بعد ماں نے اندھیرے ہوتے ہوئے کمرے میں ایک حنوط شدہ لاش کی طرح بیٹھ کر اپنے دکھوں کی لمبی گمبھیر داستان چھیڑ دی۔ دھندلکے میں لپٹے ہوئے کمرے میں اس کی کانپتی ہوئی آواز بڑی پر سوز اور گہری معلوم ہو رہی تھی۔ اس نے اپنی نو عمر بیٹی کو بتایا کہ وہ پیدا ہی بدنصیب ہوئی تھی۔ اس کی ماں اسے جنم دیتے مر گئی اور اس نے باپ کی سختیوں اور سوتیلی ماں کی نفرتوں کے سائے میں بارہ تیرہ سال پورے کیے۔ ابھی اسے مرد کے متعلق سوچنا بھی نہ آیا کہ وہ ایک اٹھائیس سال کے مرد سے بیاہ دی گئی۔۔۔ وہ اٹھائیس سال کا مرد جس نے اتنی عمر عورت کو صرف کنکھیوں سے دیکھا تھا۔ اس کا شوہر تنہائیوں میں ایک خود غرض وحشی کے روپ میں نظر آتا۔ ساس نند اسے کم جہیز لانے کے طعنے اٹھتے بیٹھتے دیتیں۔ اور یہ جلوتیں، یہ خلوتیں آہستہ آہستہ اس کے دل و دماغ پر ایک کنکھجورے کی طرح اپنے بے شمار پاؤں ڈبوتی ہی چلی گئیں اور بچوں پر بچے ہوتے چلے گئے۔ ماں نے ٹھنڈی ٹھنڈی سانسوں کے درمیان یہ ساری باتیں بڑی دردناک تفصیل سے بتائیں۔ اور پھر مجرموں کی طرح آنکھیں جھکا کر بیٹی سے ایک اعتراف کیا!

"مجھے یہ نفرتوں اور حقارتوں کی پیداوار گندے کیڑوں کی طرح نالیوں میں بہا دینا

چاہیے تھی۔ مگر میں ایسا نہ کر سکی۔ میں نے ہر طرف سے محروم ہو کر اپنے بچوں سے محبت کی اور صرف ان کی خاطر سب کچھ سہا لیکن اتنی عاجزی، صبر و شکر کے باوجود تمہارا باپ مجھ سے دامن چھڑا کر بھاگ گیا۔" خاموش بیٹھے بیٹھے لڑکی کا جی چاہا کہ وہ اپنے باپ کی گردن مروڑ ڈالے، اسے اپنا محبوب بھی اپنے باپ کی صوت میں نظر آنے لگا تھا۔۔۔ اور ماں بولتی گئی تھی۔

"لیکن اتنی طویل اذیت ناک زندگی گزارنے کے بعد مجھے تمہارے باپ کی یادگار میں پانچ بچے اور سو روپے ماہوار کی رقم ملتی ہے۔۔۔ سو روپے۔۔۔" ماں نے اپنی ادھڑی ہوئی انگلیاں اپنے رخساروں پر پھیریں اور آنکھیں پھیلا کر کہا، "اب یہی رقم ملے گی، اس میں تمہارے ماموں سینما دیکھیں گے، اتنے ہی پیسوں سے پانچ پیٹوں کی آگ بجھے گی اور اسی سے تمہارے تینوں بھائیوں اور تمہاری بہن کے مستقبل کے سارے گھروندوں کے لیے اینٹ گارا مہیا کیا جائے گا۔۔۔" یہ ساری باتیں ماں نے اسی طرح بتائیں تھیں جیسے کوئی قریب المرگ اپنی اولاد کو اپنے پوشیدہ خزانوں کا پتہ دے رہا ہو، اس کے آنسو خشک ہو چکے تھے، پھٹی پھٹی آنکھوں، خشک ہونٹوں اور ادھڑی ہوئی انگلیوں سمیت وہ اندھیرے ہوتے ہوئے کمرے میں ایک آسیب کی طرح نظر آ رہی تھی۔

اور اس وقت لڑکی نے پلنگ سے اٹھ کر لیمپ جلاتے ہوئے بڑے عزم سے کہا تھا، "مجھے معاف کر دو امی، میں سب دیکھتے ہوئے بھی کچھ نہیں سمجھی تھی، میں اب عمر بھر شادی نہیں کروں گی، مجھے مرد ذات سے نفرت ہو گئی۔۔۔" اماں ایک دم گھبرا کر چیخنے لگی، "نہیں نہیں، پاگل نہ بنو۔" لیکن وہ کہتی رہی، "میں اپنی اتنی بے کس، اتنی دکھی امی سے جدا ہو کر کہیں نہیں جا سکتی، میں اپنے بھائیوں اور بہن کے لیے سب کچھ کروں گی۔۔۔ میں اب تک جھوٹے خواب دیکھتی رہی، میں ایسے خوابوں پر تھوک دوں گی۔"

اور ابھی ذرا دیر پہلے جب رسیلے خوابوں سے لدی ہوئی زناٹے دار ہوائیں اس کے کمرے کا دروازہ کھٹکھٹا رہی تھیں، تو اس نے اپنی زندگی کی سب سے زیادہ خوابناک حقیقت پر سچ مچ تھوک دیا۔ ایک ٹھوکر مار دی، اور وہ بھولا سا لڑکا دل شکستہ ہو کر ایک دم چلا گیا، گونجتے ہوئے اندھیرے کے سارے خواب دردناک چیخیں مارتے اس سے دور بھاگ گئے اور اس کی محبت جو زندگی کی سب سے بڑی حقیقت تھی، ایک بھیانک خواب بن گئی اور اب وہ اس شیخی خور بچی کی طرح رو رہی تھی جس نے اپنی گڑیا کو ادھیڑ کر اس کی روئی بکھیر دی ہو۔

"پانی اسی دھڑاکے سے برس رہا ہے اور اب شاید وہ میری زندگی میں کبھی واپس نہ آئے گا۔" لڑکی نے اپنی بھیگی ہوئی مٹھیاں گالوں سے لگا کر کمرے سے باہر اندھیرے میں گھورتے ہوئے بلک کر سوچا۔ اور دوڑ کر بے تابی سے پلنگ پر گر پڑی جیسے یوں پڑ کر، سوچنے کی ساری قوتیں معطل ہی تو ہو جائیں گی۔ میلے تکیے میں اس نے اپنا چہرہ ڈبو دیا اور گھٹنے چھاتی سے لگا لیے۔

"چھما چھم برستا پانی آنگن کے پختہ فرش پر کیسے چٹاچٹ بج رہا ہے، ساتھ کے کمرے میں تینوں بھائی بے فکری سے بہن کے ساتھ شور مچا رہے ہیں۔ چھوٹا بھائی مصر ہے کہ سب کو مل کر کوئی اچھا سا گیت گانا چاہیے۔ ماموں شاید ابھی تک گھر نہیں پہنچے، ورنہ وہ بچوں کو اس طرح خوش ہونے پر ضرور ڈانٹتے۔۔۔ مشین کی آواز نہیں آ رہی۔ امی شاید باورچی خانے میں چولہے کے پاس پیڑھی پر بیٹھی کچھ سوچ رہی ہوں گی۔ وہ ہر وقت کچھ سوچتی رہتی ہیں۔ کہیں وہ رو نہ رہی ہوں۔۔۔ میں انہیں رونے نہیں دوں گی۔۔۔" خیالات دبے قدموں اس کے دماغ میں گھسنے لگے۔

"اور میں جو رو رہی ہوں۔" وہ خود اپنی سوچ کے بیچ میں اکڑ کر کھڑی ہو گئی!

"تو رو، منع کون کرتا ہے۔" حالات نے ایک ٹھنڈی سانس بھر کر اس سے کہا۔

"اور جو وہ مر گیا تو پھر۔" لڑکی نے بسور کر سوچا، "وہ میرا آخری جواب سن کر چپ چاپ چلا گیا۔ وہ کہتا تھا کہ میرے بغیر مر جائے گا، اسے مجھ سے محبت تھی، وہ مجھ سے مایوس ہو کر مر جائے گا۔ سب مرد، ابا جیسے تھوڑی ہو سکتے ہیں۔"

لڑکی کا کلیجہ جیسے پھٹنے لگا، اور وہ تکیہ نوچ نوچ کر اپنی سسکیاں ضبط کرنے لگی۔ وہ بار بار کرب سے اپنے پاؤں بستر پر رگڑ رہی تھی۔ اچانک بجلی زور سے چمکی اور پھر دیر تک کڑاکے کی آواز سنائی دیتی رہی۔۔۔ لڑکی کے کان میں جیسے کوئی پھنکارا، "ہو سکتا ہے تیرے ٹھکرائے ہوئے نے اسی وقت تیسری منزل سے چھلانگ لگا دی ہو یا کچھ کھا لیا ہو۔۔۔ بڑی بوڑھیاں کہتی ہیں کہ جب اتنی زور سے بجلی کڑکے تو سمجھو کہیں گری ضرور ہے۔ اور بجلی اس دھرتی پر جبھی گرتی ہے جب کسی مظلوم کی آہ عرش کو ہلا دے۔۔۔"

لڑکی پھڑ پھڑا کر کھڑکی کی طرف بھاگی اور اپنے نامراد عاشق کے گھر کی طرف آنکھیں پھاڑ پھاڑ کر دیکھنے لگی جہاں ہر کمرے میں روشنی تھی۔ "ارے اس گھر کے سارے لوگ اب تک جاگ کیوں رہے ہیں؟ ہو سکتا ہے سب اسے بچانے کی کوشش کر رہے ہوں۔ ہو سکتا ہے، سب ابھی خون اور پانی میں بھیگی ہوئی لاش گلی سے اٹھا کر اندر لے گئے ہوں، ہو سکتا ہے، اس نے کوئی تیز زہر پی کر ابھی ابھی کلیجے کے ٹکڑے اگل کر آنکھیں بند کی ہوں۔۔۔ ہو سکتا ہے۔۔۔! ایسا ہی ہوا ہے!" اس کے روئیں روئیں سے پکار آئی۔ اور اس نے بے تابی سے اپنی کانپتی ہوئی بانہیں کھڑکی سے باہر پھیلا دیں اور جھک کر گلی میں دیکھنے لگی۔ "اس وقت نیچے چھلانگ لگا دوں تو۔۔۔؟" اس نے اپنے آپ سے پوچھا۔۔۔ لیکن میری بیکس ماں میرے معصوم بھائیوں اور میری نو عمر بہن کو، میری سجی ہوئی ڈولی کی طرح میری میت بھی تو کوئی فائدہ نہیں پہنچا سکتی!

بجلی کی چمک سے لڑکی کی آنکھیں بند ہو گئیں اور وہ بے چارگی سے کھڑکی کی چوکھٹ پر سر نہیوڑا کی رہ گی۔ اس کے بالوں کو نم آلود ہوا تہہ و بالا کر رہی تھی اور موٹی موٹی بوندیوں کی چھینٹیں ہوا کے تیز جھونکوں میں اس کے جلتے ہوئے چہرے پر پڑ رہی تھیں اور اس کا دماغ ایک دم ماؤف ہو چکا تھا۔ تیز بوچھار پر بجلی پھر چمکی اور کھڑکی کے ماتھے پر جھومتے ہوئے بوندیوں کے سہرے کے پار اس نے اپنے نامراد عاشق کے گھر کا دروازہ کھلتے دیکھا، اور ڈیوڑھی میں بہت سے لوگوں کے ہاتھوں پر سفید سفید کپڑوں سے ڈھکی ہوئی ایک لاش۔

"یقیناً وہ لاش ہے۔" اس نے اپنی آنکھیں زور سے میچ لیں اور پھر دیوانوں کی طرح دوڑ کر اپنے پلنگ پر گٹھری بن گئی۔

" آخر وہ مر گیا نا۔ مجھے نہ پا کر اس نے یہ دنیا ہی چھوڑ دی۔ ہائے یہ کیا ہو گیا؟ یہ کیوں ہو گیا۔" لڑکی پلنگ پر لوٹ لوٹ کر رونے لگی۔ اس کا دماغ پھٹا جا رہا تھا۔ اس کی مٹھیاں بھنچ گئیں، جیسے اس نے اپنے محبوب کا دامن پکڑ رکھا ہو۔ لڑکی بہت دیر تک بے تحاشہ روتی رہی۔

"ہائے تم کیوں مر گئے۔ تم مجھ سے کیوں چھٹ گئے، میں تمہیں دور سے بھی دیکھ کر جی لیتی۔ اب کیسے کٹے گی یہ عمر۔" وہ بار بار منہ ہی منہ میں دہرا رہی تھی، وہ کبھی اپنے بال کھسوٹنے لگتی اور کبھی گریبان کو جھٹکے دیتی۔ اس کا جی چاہ رہا تھا کہ اپنے جسم کے پرخچے اڑا کر گلی میں اچھال دے، اپنی بوٹیاں کتوں کوؤں کو کھلا دے۔ لیمپ کی تھرتھراتی روشنی کم ہو رہی تھی۔ لڑکی کی ماں لیمپ میں تیل ڈالنا بھول گئی تھی۔ لڑکی روتے روتے مضمحل ہو گئی۔۔۔ اس کے آنسو بہنا بند ہو گئے اور ہاتھ پاؤں سن سے ہو کر پڑ گئے۔ اور اب اس کے بوجھل دماغ میں وہ خود ابھری۔ ایک خوبصورت نوعمر بیوہ! اس کے کپڑوں میں

سیاہ رنگ کی بہتات تھی اور بال کھلے ہوئے۔ ایک ہاتھ سینے پر اور دوسرا اڑتے ہوئے بالوں پر۔

ماں نے سلائی کی مشین سے سر اٹھا کر ڈبڈبائی آنکھوں سے پوچھا، "میری بچی، میری لاڈلی میں اور تیرے بہن بھائی تیرے خطاوار ہیں۔۔۔ مگر یہ تو بتا، تجھے مار کر ہم کیوں جئیں؟"

"نہیں میری جان امی۔۔۔ یہ میرا اور اس کا سودا ہے۔ وہ سچا تھا اور میں بھی جھوٹی نہیں تھی۔ وہ میرے بغیر نہیں رہ سکتا اور میں اس کے ساتھ نہیں رہ سکتی تھی۔۔۔ کچھ اس نے مجھے دیا، اب میں بھی تو اسے کچھ دوں، میں مزار محبوب پر ساری مسکراہٹیں نوچ کر چڑھادوں گی، اپنی خوشیاں اپنے آنسو سب اس پر سے نچھاور کر دوں گی۔ اب وہی میرا ماضی ہے اور وہی میرا مستقبل!"

اس کی چھوٹی بہن نے زندگی میں غالباً پہلی مرتبہ فکر مند ہو کر روتے ہوئے پوچھا، "آپا تم کو کیا ہو گیا ہے؟" اور لڑکی نے بھی ذرا ہونٹوں کے گوشوں میں مسکرا کر جواب دیا، "تم نہیں سمجھتیں۔۔۔ میں قدیم داستان عشق کی ایک اور ہیروئن ہوں۔ میں شیریں بھی ہوں اور لیلی بھی۔ لڑکی کی سہیلیوں نے حیران ہو کر کہا، "تم تو جیتے جی مر گئیں، تمہارے بالوں کو کنگھی نہیں چھو سکتی۔ تمہارے جسم کو شوخ رنگ مس نہیں کر سکتے۔ تمہارے ہونٹوں کو مسکراہٹ سے بیر ہے، تمہاری آنکھیں کبھی خشک نہ دیکھیں۔"

"میں۔۔۔! میں تو اپنے محبوب کی لوح مزار ہوں۔"

دل و دماغ کے صفحات پر ایک اندوہناک مرثیہ لکھا جاتا رہا۔ اور رات اتنی ہی کالی اتنی ہی خوبصورت اتنی ہی گاتی اور برستی رہی۔ اور پھر جب بجلی ایک بار پھر زور سے کڑکی تو لڑکی نے پلنگ پر بیٹھ کر بلکنا رونا شروع کر دیا۔

"نہیں نہیں میں نے اسے کیسے ٹھکرا دیا، میں اس کے بغیر زندہ نہیں رہ سکتی، وہ میرے نانا اور میرے باپ کے گناہوں کا ذمہ دار کیوں ہو؟ میں بھی مر جاؤں گی، میں دیواروں سے اپنا سر ٹکراؤں گی، میں اپنا گلا گھونٹ لوں گی۔ میں اپنا گلا گھونٹ لوں گی۔" وہ نم ہوا کو اپنے پھیپھڑوں میں کھینچنے کی کوشش کرنے لگی۔ اسے اپنا گلا بند ہوتا معلوم ہو رہا تھا۔ ہاتھ پاؤں سنسنا رہے تھے اور پھولے پھولے سرخ پپوٹے کھل بھی نہ سکتے تھے۔ اس کے کانوں میں جیسے کہیں بہت دور سے پانی برسنے کی سہانی آواز آ رہی تھی۔ اس نے تقریباً بجھتے ہوئے لیمپ کی مدھم روشنی میں ذرا سی آنکھیں کھول کر اپنے دوپٹے کا ایک حلقہ بنایا اور گردن میں پہن لیا۔ دوسرے لمحے وہ بستر پر گر گئی۔

لیمپ بجھ گیا۔ تیز ہوا سے دروازے اور کھڑکیاں بجتی رہیں اور آنگن کے پختہ فرش پر بوندیاں بجتی رہیں۔۔۔

اس نے لمبا دھندلا، پر اسرار سفر طے کرنے کے بعد اللہ میاں کے حضور میں اپنی بوجھل آنکھیں اٹھانے کی کوشش کی۔ وہ اللہ میاں کے سامنے اس کی دنیا کے کروڑوں مجبور انسانوں کی داستان کہنا چاہتی تھی۔ اس کی بھیگی بھیگی پلکیں کپکپا کر اٹھیں اور پھر گر گئیں۔ سامنے نور ہی نور تھا۔ خوب چلچلاتا۔ پسینہ آور نور۔ بارش، نمی اور دھند پر طنز کرتا ہوا مغرور نور۔۔۔

لڑکی کا جی جل گیا کہ واہ اللہ میاں، ہم جس موسم میں مر کر رہ گئے اس سے تو تجھے مس تک نہیں۔ اور اس نے اپنی آنکھیں چندھی کر کے اس نور کو بیزاری سے دیکھا۔ سفید دیوار پر روشنائی سے نور کے بڑے سے چوکھٹے میں "انور میاں بقلم خود" لکھا صاف نظر آیا۔ اس تحریر پر ہی تو اس نے زندگی میں پہلی بار اپنے منجھلے بھائی انور کے منہ پر ایک تھپڑ مارا تھا کہ تو نے دیوار کیوں خراب کی۔ برسوں سے تو کمروں میں سفیدی نہیں ہوئی

اس پر سے یہ روشنائی کے دھبے!

لڑکی نے اپنی زندگی پر تھوڑا متعجب ہو کر بیزاری سے آنکھیں بند کر لیں۔ اور اس پر بیواؤں جیسا سوگ دوبارہ حملہ آور ہو گیا۔ وہ فوراً ہی ایک سسکی کے ساتھ رونا شروع کرنے والی تھی کہ کھانسنے کھنکھارنے کی گونجتی گرجتی آوازیں سن کر وہ بے تحاشا کود کر کھڑکی کی طرف دوڑی۔ چمکیلی دھلی ہوئی دھوپ میں پیتل کی لٹیا سورج کی طرح چمک رہی تھی اس کا نامراد عاشق کلیوں پر کلیاں کرتے ہوئے اپنی سوجی ہوئی لال لال آنکھوں پر پانی کے چھینٹے مار رہا تھا۔ لڑکی نے دھڑاکے سے کھڑکی بند کر دی اور پھر بند کھڑکی سے لگ کر کھڑی کی کھڑی رہ گئی۔

اس کے ہونٹ کانپے، بھنچی ہوئی مٹھیاں تھرتھراتی انہیں اور آنکھوں کو بے دردی سے ملنے لگیں اور پھر وہ ہونٹوں کے زاویے بنا کر بچوں کی طرح چلائی، "کمینہ بے وفا مر جائے اللہ کرے۔" اور دفعتاً اس کے پیٹ سے کوئی شے جیسے گلے میں آ کر پھنس گئی اور وہ دھڑام سے زمین پر کر گئی۔

"ہسٹریا کا دورہ ہے۔" کسی اجنبی آواز کے یہ الفاظ سن کر اس نے ایک دم آنکھیں کھول دیں اور پھر پھوٹ پھوٹ کر رونے لگی۔ اپنی ماں اور بہن بھائیوں اور ڈاکٹر کی موجودگی سے بے پروا۔

"نہیں نہیں۔۔۔ نہیں۔۔۔" وہ سسکیوں کے درمیان کہتی رہی اور روتی رہی۔

***

تیسری منزل

حلیمہ بائی بلڈنگ کی چوتھی منزل کے خوبصورت فلیٹ میں بیٹھے بیٹھے حلیمہ بائی کو ایک دم غصہ آگیا۔ انہوں نے وفد کے لیڈر دلی والے کی فصیح و بلیغ شکایات سننے کے بعد سر ہلا کر کہا، "پن ہم کسی کے بولنے کا کس طرح ایک دم مان لیں گا۔۔۔ فیر دیکھو، بابا کوئی آکر تمہارے گھر کو کچھ بولیں گا تو ہم پہلے اس کا تپاس کریں گا فیر (پھر)"

دلی والے ایک دم گرم ہو گئے، "پھر آپ اسے نہیں نکالیں گی تو ہم پولیس کو اطلاع دیں گے۔۔۔ یہ بھی کوئی بات ہے کہ شریفوں کے رہنے کی جگہ پر۔۔۔"

"او بابا گرم کیوں ہوئیں گا، وہ ہمارا سگے والا نئیں لگتا ہم بولا پہلے تپاس کریں گے۔۔۔" یہ کہہ کر حلیمہ بائی نے اپنے کارندے کو بلایا اور اسے بظاہر سخت آواز میں تحقیق کرنے کا حکم دے دیا۔۔۔ اس کے بعد دلی والے کی قیادت میں وفد والے حلیمہ بائی بلڈنگ سے نیچے اتر گئے۔

حلیمہ بائی نے زور سے دروازہ بند کر کے کھڑکی میں سے رابعہ بائی بلڈنگ پر ایک گہری نظر ڈالی۔ یہ ان کی دادی کی ملکیت تھی۔ اسے دیکھ کر انہیں اپنی بوڑھی زرد رو دادی یاد آئی جس کے مرنے کا انہیں بہت عرصے انتظار کرنا پڑا تھا۔۔۔ رابعہ بائی بلڈنگ بھی میلی زرد سی تھی۔ بدرنگ کھڑکیاں، ٹوٹے شیشے اور ہلتے ہوئے چوبی زینے۔۔۔ وہ ہمیشہ اپنے کارندے سے کہا کرتیں، "یہ بلڈنگ گریں گے تو ہم اس جگہ آٹھ منزل کا بڑا بڑا

فلیٹ والا بلڈنگ بنائیں گا۔۔۔ آج کل کو چھوٹا چھوٹا کمرہ کرائے پر اٹھانے کا کچھ فائدہ نہیں۔ بڑا ہوا تو امریکی لوگ اصل سے دس گنا کرایہ دیں گا۔" لیکن یہ بلڈنگ موجود تھی۔ اس میں بال روم ڈانسنگ کی ماہر مس ڈور تھی پریرا رہتی تھی۔ اور ابھی جس کی شکایت لے کر اس کی بلڈنگ کے لوگ آئے تھے۔ حلیمہ بائی کو افسوس سا ہوا کیونکہ مس ڈور تھی رابعہ بائی بلڈنگ کی سب سے پرانی لیکن سب سے بہتر کرایہ دار تھی۔ حلیمہ بائی کے کارندے نے جب بھی جھوٹوں کرایہ بڑھانے کو کہا، ڈور تھی نے اسے قبول کر لیا۔ وہ سالانہ سفیدی وغیرہ کے روپے بھی کرایہ میں نہ کاٹتی۔

"اکیلی ہے مگر اس کے گھر کبھی کوئی دنگا بھی نہیں ہوا۔" حلیمہ بائی اپنے جی میں کہہ رہی تھیں۔ ان کی آنکھیں بار بار مس ڈور تھی کے کمروں پر اٹھتیں، جن کی پیشانی پر اس نے نیلا پینٹ کرا رکھا تھا، جس کی کھڑکیوں اور دروازوں کے سارے شیشے سلامت اور صاف تھے۔ مگر یہ گندگی کا قضیہ نہیں تھا۔ اگر ایسا سوال اٹھتا تو دلی والے کے کمرے کے سامنے کوریڈور میں سب سے زیادہ گندگی بکھری رہتی تھی، بلکہ ساری بلڈنگ ہی گندگی کی پوٹ تھی۔ گراؤنڈ فلور پر "فینسی شو میکرز" کے ہاں سے پھینکی ہوئی چمڑے کی کترنیں فٹ پاتھ پر بکھری رہتیں، دوسری منزل کی بوہرہ خاتون جھینگا مچھلی کی ٹانگیں اور مونچھیں نوچ کر ہمیشہ زینہ پر پھینک آتیں، اور ان کے پڑوس میں رہنے والے مسٹر ڈگلس وائلن کی مشق کرتے کرتے کھانستے تو ہمیشہ دوڑ کر بوہرہ خاتون کے دروازے پر تھوکتے۔ پھر تو شاید تیسری منزل کی بھولی بھالی میمن زینب بائی بھی اس چکر میں آجاتی جو ایک اچھی پڑوسن تھی، لیکن اپنے بچے کا پاخانہ کاغذ میں لپیٹ کر ڈور تھی کے گھر کے سامنے پڑے ہوئے کوڑے کے ڈبے میں چپکے سے ڈال دیا کرتی تھی۔

"فوہ۔۔۔ لوگ کا دماغ پھریلا ہے، اپنا کام نہیں کرتا۔" حلیمہ بائی نے رابعہ بائی

بلڈنگ کے رخ پر کھلنے والی کھڑکی کا پردہ گھسیٹ دیا۔ اور بیٹھ کر اپنے سیاہ دوپٹے پر فیتہ ٹانکنے لگیں۔ حلیمہ بائی کا کہنا ٹھیک تھا کہ لوگ اپنے کام سے کام رکھیں۔ مگر رابعہ بلڈنگ کے مکینوں میں سوائے مس ڈورتھی پریرا کے کوئی ایسا نہ تھا جسے صرف اپنے آپ سے مطلب ہو۔ یہاں مختلف جگہوں سے آئے ہوئے لوگ رہتے تھے۔ اس لیے ہر شخص خود کو بھول کر دوسرے کو کھوجنے کی فکر میں رہتا۔۔۔ لیکن مس ڈورتھی پریرا اپنے آپ میں اتنی مست رہتی کہ لوگوں کے لیے پراسرار حد تک دلکش بن گئی۔۔۔ مرد اس پر عاشق تھے اور عورتیں حاسد۔ بلڈنگ کی سب عورتیں ڈورتھی کی چال ڈھال اور لباس کی نقل کرتیں۔

وہ عموماً دن بھر اپنے گھر میں رہتی۔ ٹیلکم پوڈر میں بسی بڑے بڑے پھولوں والے پرانے جاپانی کمونو میں ملبوس لکڑی کی جاپانی کھڑاؤں پر وہ یوں چلتی جیسے سمندری لہروں پر کوئی بادبانی ڈونگا، جانے یہ جاپانی کھڑاؤں کے تلے کی تراش کی وجہ سے تھا یا کیا، بہرحال یہ چال غیر معمولی تھی، جسے اس کی پڑوس کے دلی والے کی جوان ہوتی ہوئی بیٹی بہت غور سے دیکھتی اور اپنی اماں رضیہ بیگم کو یہ کہنے پر مجبور کر دیتی کہ "اے بی اس کا مٹکنا کیا آنکھیں پھاڑ پھاڑ کر دیکھ رئی ہو۔۔۔ اس سے تو پردہ جائز ہے۔۔۔" مگر مس ڈورتھی کو کسی پردے وردے کا خاک خیال آتا۔۔۔ وہ صبح صبح اٹھ کر کوریڈور سے اپنے ملازم چھوکرے کو اٹھاتی اور پھر نہ صرف اپنے فلیٹ کی صفائی آپ کرتی بلکہ اپنے سامنے چھوکرے سے کوریڈور کی بھی خبر لوا ڈالتی۔۔۔ اس بلڈنگ کی بھنگن تو ایسی کام چور تھی کہ فلش بھی ٹھیک طرح دھو کر نہ جاتی کجا کوریڈور کی صفائی۔۔۔؟ رضیہ بیگم اس صفائی پر برا مانتیں، کیونکہ انہیں یقین تھا کہ یہ سب اپنے یاروں کی وجہ سے ہوتا ہے۔

حالانکہ ڈورتھی کی دوسری پڑوسن میمن زینب بائی کا کہنا تھا کہ اگر مس ڈورتھی کے

ہاں آنے والے اس کے یار ہوتے تو کبھی رات کو تو رکتے۔۔۔؟ "دن کو جو آتے ہیں؟ اے بی یہ بھی کوئی بہو بیٹی ہے کہ رات کے اندھیارے میں میاں کی صورت دیکھے نئیں تو حرام سمجھے۔۔۔" رضیہ بیگم منطق چھانٹتیں، اور زینب بائی جھلا کر چپ ہو جاتیں۔ اب اس بات پر کیا بحث، یہ تو ساری بلڈنگ والے جانتے تھے کہ مس ڈور تھی کے گھر جہاں کبھی کوئی مرد آیا تو کمرے کا دروازہ پاٹوں پاٹ کھلا نظر آنے لگا۔۔۔ دروازہ بند ہو تو سمجھو ڈور تھی گھر میں اکیلی ہے۔ اور جب وہ اکیلی ہوتی تو اس کی پڑوسنوں کو خبر ہوتی کہ وہ یا تو سو رہی ہوگی یا ناچ کی مشق کر رہی ہوگی۔

رابعہ بائی بلڈنگ میں آنے کے بعد شروع شروع میں مس ڈور تھی ناچ والی بات کو یہاں کے رہنے والوں سے چھپاتی مگر جب اس کے ڈرائنگ روم کے چھت تلے رہنے والی بوہرہ عورت نے اوپر کی بے تحاشہ کھٹ کھٹ کی شکایت کرنی شروع کی تو مس ڈور تھی نے صاف کہہ دیا کہ ناچ اس کی زندگی ہے۔ وہ ناچے گی اور ضرور ناچے گی۔ نہیں ناچے گی تو زندہ کیسے رہے گی۔۔۔؟ جب جھگڑا بڑھا تو بوہرہ عورت کے پڑوسی مسٹر ڈگلس وائلن والے نے اس سے اپنا کمرہ بدل لیا۔۔۔ اس لیے اب مس ڈور تھی اوپر ناچتی تو نیچے مسٹر ڈگلس اپنے وائلن پر ناچ کے مطابق دھن بجایا کرتا۔ بڈھا ڈگلس جس کے سفید کوٹ پر ہر دوسرے تیسرے مہینے کالے رنگ کی ماتمی چٹ سلی ہوتی۔۔۔ اور جو کام کی تلاش میں عموماً بے کار رہتا تھا۔۔۔ مگر مس ڈور تھی ڈگلس سے بھی کوئی واسطہ سوائے "ہلو" کے نہ رکھتی۔۔۔ ہاں سال میں ایک بار کرسمس کے موقعے پر وہ اسے ضرور اپنے ہاں لنچ پر بلاتی۔ یہ اور بات ہے کہ دوسری منزل پر رہنے والے نوجوان بابو نے ڈور تھی کے ملازم چھوکرے کے ہاتھ سے چٹیں لے کر کئی بار پڑھیں جس میں ڈگلس کو مخاطب کر کے لکھا ہوتا کہ "فلاں ہوٹل میں یا فلاں فلم کمپنی میں وائلن بجانے والے کی ضرورت ہے۔ فوراً

پہنچو۔ شاید کام بن جائے۔۔۔"

ان چٹوں کی وجہ سے بہاری نوجوان بابو ڈگلس کو ہمیشہ مشکوک نظروں سے دیکھتا، اور راتوں کو ڈگلس کے دروازے پر کان لگائے رکھتا کہ اب بڈھا چپکے سے تیسری منزل پر جانے کے لیے نکلے گا۔۔۔ لیکن جب دوسرے دن وہ دفتر جانے کے خیال سے جلدی سے ہڑبڑا کر اٹھتا تو بڈھے ڈگلس کا دروازہ بند دیکھ کر اس کا کلیجہ مسلنے لگتا۔۔۔ دیکھا ابھی تک سو رہا ہے۔ رات جاگا ہوگا نا۔۔۔! اسی چکر میں ایک رات یہ بابو صاحب ڈور تھی کے کمرے پر پہنچے۔۔۔ رات کے سناٹے میں ان کے ہولے سے کھٹکھٹانے پر ایک دم دروازہ کھلا اور پھر ڈور تھی نے زور زور سے بولنا شروع کر دیا، "ہم تمہارے کو پولیس میں دیں گا۔۔۔ بولو تم ہم کو کیا سمجھا۔۔۔" ڈور تھی کے ہاتھ میں بابو کی ٹائی تھی۔ بڑی مشکل سے دلی والے اور میمن دکاندار نے اس کو چھڑوایا تھا۔

دلی والی رضیہ خانم نے اس قصے کے بعد سینہ ٹھونک کر رابعہ بائی بلڈنگ میں منعقد ہونے والی محفل میلاد میں دعوی کیا کہ، "اے بی، ہمارے میاں نے جو عورت بولٹن مارکیٹ میں کر رکھی ہے، اس نے ایک دن ایسا ہی شور کیا تھا۔ اس پر ہمارے میاں کو اس کا یقین آگیا اور نکاح کر بیٹھے۔ سمجھو اب یہ مس ڈور تھی بھی کہیں ہاتھ مارے گی۔۔۔ اے ایک چھٹی ہوئی۔۔۔ ممبئی والی ہے۔" ممبئی کی زینب بائی بے وجہ ہی برا مان کر بولیں، "مس ڈور تھی ممبئی کا کدھر ہے، وہ تو گوا کا ہے۔"

مس ڈور تھی گوا کی تھی، یہ بات اس نے کب چھپائی تھی۔ وہ تو کئی بار کوریڈور میں کھڑے کھڑے زینب بائی اور رضیہ بیگم کے سامنے بتا چکی تھی کہ وہ جب چھوٹی سی تھی تو گوا سے اپنی ماں کے ساتھ ممبئی آئی تھی اور ممبئی اسے بہت پسند تھا۔۔۔ بہت زیادہ۔ "ادھر ہم اسکول پڑھا، ادھر ہمارا مدر ایک بوہت بڑا سیٹھ کے بچون کا گورنس تھا۔" اس

بیان پر ڈورتھی دیوار سے ٹک جایا کرتی اور اس کی آنکھیں دور دیکھتیں۔

"گورنر تھی تمہاری ماں؟" ایک بار رضیہ بیگم نے جل کر پوچھا۔

"گورنس مطلب بچوں کا دیکھ بھال کرنے والا۔ اس کو گورنس بولتا انگلش میں۔" ڈورتھی نے نرمی سے سمجھایا۔

"آیا سمجھو۔" رضیہ بیگم نے قصہ مختصر کیا تو ڈورتھی اپنے جاپانی کھڑاؤں پر کھٹ کھٹ ڈولتی پنے کمرے میں چلی گئی تھی۔ اس کے پیچھے زینب بائی اپنے بچے کو گود میں اٹھائے پہنچ گئی تھیں۔ کیونکہ اس وقت مس ڈورتھی ان کے بچے کو ٹافی کا پیکٹ دینے کے بعد بعد ہی تو اپنے بچپن اور اپنی ماں کا ذکر کرنے لگی تھی۔۔۔

اس دن وہ کتنی دیر تک زینب بائی کو اپنے بارے میں بتاتی رہی تھی۔

"ادھر بمبئی میں ہمارا کتنا کام تھا۔ ادھر ہم بال روم ڈانسنگ سیکھا۔۔۔ ڈانسنگ اسکول کا مالک ہم کو دوسرا اچھوکرا لوگ کا پارٹنر بننے کا کتنا بہت روپیہ روز کا دیتا تھا پر ہم کو روپیہ کا لالچ نئیں، ہم کو ناچ کا شوق تھا۔۔۔ ادھر سب ہم کو بولتا تم لوریٹا ینگ کی مافق ہے۔ تم کو فلم میں کام کرنا مانگتا۔۔۔ مگر ادھر کا فلم والا ہمارا بیوٹی کو نہیں سمجھا۔ فیر لوگ ہم کو بولا تم ہالی وڈ جانا مانگتا پن ہمارے کو اتنا کرایہ نہیں جڑا۔۔۔ فیر ادھر بمبئی میں ایک اسسٹنٹ ڈائرکٹر تھا، بڑا حرامی سب کا قرض کھا گیا۔ ہم سے بھی قرض لیا۔ ہم مانگا تو بولا ہمارے سنگ پاکستان چلیں گا تو ادھر کام بنیں گا۔ ادھر ڈائرکٹر بھی مانگتا اور ہیروئن بھی۔۔۔ فیر (پھر) ہم ادھر کراچی آگیا۔۔۔ ادھر کا فلم والا بھی ہمارا بیوٹی کو نہیں سمجھا۔۔۔ تو لوریٹا ینگ کو دیکھا ہے بائی "گارڈن آف اللہ' والی؟" وہ اپنی داستان کہتے کہتے زینب سے پوچھنے لگی۔ مگر زینب بائی نے کبھی کوئی انگریزی فلم نہیں دیکھی تھی وہ مایوس ہوگئی، وہ اکثر مایوس ہو جایا کرتی تھی۔۔۔

"ادھر کا چھوکرا لوگ بھی لوریٹا ینگ کو نہیں دیکھا۔" اس نے ٹھنڈی سانس لے کر کہا تھا۔ اور پھر اپنے سنہرے بالوں میں سے پنیں کھول دیں۔ ایک دم اس کے سانولے چہرے کے گرد سنہرے ریشمی بال دھوپ میں گرتے ہوئے آبشار کی طرح پھیل گئے۔۔۔

مگر مسٹر ڈگلس نے لوریٹا ینگ کی فلمیں دیکھی تھیں اور بمبئی میں ڈور تھی پریرا کو بھی دیکھا تھا۔ "نمبر ون پاپولر ڈانسر تھی۔۔۔ اس کی ماں سیٹھ کے بچوں کو رکھتی اور یہ اسکول میں پڑھتی۔ پھر ایک دن اس کی ماں سیٹھ کے مکان میں بہت چیخی کہ سیٹھ نے میری بچی کو اپنے کمرے میں رکھ لیا ہے۔۔۔ میں نے اس کی ماں کو بہت سمجھایا۔ چپ رہو۔ پھر وہ چپ ہو گئی۔۔۔ اور ڈور تھی ہوا سے باتیں کرنے لگی۔۔۔ میں ان دنوں سیٹھ کے ایک بیٹے کو وائلن سکھاتا تھا۔۔۔ چھوٹی سی گڑیا سی لڑکی تھی۔۔۔ اب انکل سے بولتی بھی نہیں۔۔۔ پرچے لکھتی ہے۔۔۔" مسٹر ڈگلس اپنے مرجانے والے عزیزوں کی تصویروں کے سامنے بیٹھا ڈور تھی کے ہاتھ سے لکھے ہوئے پرزوں کو دیکھ کر تنہائی میں بڑبڑایا کرتا۔۔۔ اس کی ایک بیٹی لکھنؤ میں تھی اور اس نے کسی سکھ سے شادی کر رکھی تھی۔

"میں اگر لکھنؤ میں ہوتا تو ایسا ہو سکتا تھا؟" مسٹر ڈگلس "فینسی شو میکرز" کے مالک حنیف سے بات کرتے ہوئے کہا کرتا، "انسان کو اپنے مذہب میں ہی شادی کرنا چاہیے۔"

"بے شک۔۔۔ بے شک۔۔۔" حنیف نہایت یقین سے کہتا۔

"لیکن غیر مذہب والی سے عشق میں کیا ہرج ہے۔۔۔" حنیف جی ہی جی میں اپنے آپ کو قائل کرتا۔۔۔ کیونکہ وہ اس دن سے ڈور تھی پریرا پر باقاعدہ مرنے لگا تھا جب سے ڈور تھی اس کی فیکٹری میں موٹر سے اتر کر اچانک آ گئی تھی۔۔۔ حنیف اور سارے

کاریگر ڈورتھی کو دیکھ کر ایسے بوکھلائے تھے کہ صف بستہ کھڑے ہوگئے۔۔۔ ایک تو ڈورتھی، اس پر سے موٹر سے اتری ہوئی۔ اور پھر وہ بول بھی رہی تھی، "دیکھو ہم ایسا مافق گولڈن سینڈل مانگتا۔ ادھر بازار میں نہیں ملیں گا۔۔۔" ڈورتھی نے اپنے بٹوے سے مارلین منرو کی نیم برہنہ تصویر نکالی اور ایک کاریگر کی طرف بڑھادی۔۔۔ سینڈل منرو کے پاؤں میں تھی۔

"میں پروپرائٹر ہوں۔" حنیف نے بمشکل آواز نکالی تھی۔ اس کے بعد چند لمحے میں قیمت طے ہوئی اور ڈورتھی اپنی مخصوص مترنم کھٹ کھٹ کرتی رابعہ بائی بلڈنگ کا زینہ چڑھ گئی تھی۔۔۔ لیکن حنیف کی روح ڈورتھی کے ساتھ ساتھ کھنچی چلی گئی۔۔۔ حنیف نے کبھی تیسری منزل پر قدم نہیں رکھا تھا۔ حالانکہ دلی والے صاحب کئی بار کہہ چکے تھے کہ میاں دلی لکھنؤ کی لڑائی بند، اب تو کراچی ہی سب کچھ ہے۔ کسی دن ہمارے ہاں آؤ تمہاری خالہ تمہاری بہت تعریف کرتی ہیں کہ بڑا شریف بچہ ہے، کبھی کسی کو نظر اٹھا کر نہیں دیکھتا۔ لیکن حنیف کو اپنے کام سے فرصت ہی کب ملتی۔ دوسرے رضیہ بیگم (تمہاری خالہ) اپنی نوجوان بیٹی کے ساتھ اتنی بار برقعہ الٹ الٹ کر اس سے اپنی بیٹی کی سینڈل بنانے کو کہہ چکی تھیں کہ حنیف کو ان سے ڈر لگنے لگا تھا۔۔۔ آخر وہ انہیں اتنی بار بتا چکا تھا کہ وہ پرائیویٹ آرڈر نہیں لیتا۔ اس کے بنے ہوئے جوتے لینا ہیں تو دکان سے جا کر لو۔۔۔ ہمیں کوئی موچی مقرر کیا ہے؟

مگر اس دن اس کا جی بے ساختہ چاہا تھا کہ رضیہ بیگم کے گھر ہی چلا جائے، آخر تو وہ گھر بھی تیسری منزل پر ہی ہے۔۔۔ تیسری منزل جہاں ڈورتھی پریرا رہتی تھی۔ جس کے گھر کی سجاوٹ اور صفائی کے بڑے چرچے تھے۔۔۔ جو موٹروں میں بیٹھ کر آتی جاتی تھی۔۔۔ موٹریں جو اس کی نہیں تھیں، بلکہ زینب بائی کی زبانی یہ روایت عام تھی کہ یہ

موٹریں فلم کمپنیوں کی ہیں۔ جہاں ڈور تھی ہیروئنوں کو ناچ سکھانے جاتی ہے۔ اور خود بھی فلموں میں ناچتی ہے۔۔۔ یہ کون سی فلمیں تھیں، ان کا نام کوئی نہیں جانتا تھا۔۔۔ ایک بار حنیف نے کراچی کی ایک فلم کے گروپ ڈانس میں ڈور تھی کی سی جھلک دیکھی تھی اور وہ اپنے ساتھ کے لڑکے کو بتانے ہی لگا تھا کہ وہ غائب ہو گئی۔

"سنا ہے یار ہزاروں لیتی ہے۔۔۔" اس کے ساتھ کے لڑکے نے مرعوب ہو کر کہا تھا، "ویسے اپنا یار کلو خان کہہ رہا تھا کہ ہوٹلوں میں لونڈوں کے ساتھ ناچتی ہے۔ اس کے بھی بڑے پیسے ملتے ہوں گے۔۔۔؟ کوئی یہ بھی کہتا ہے کہ ناچنا تو بہانہ ہے کماتی ہے۔۔۔" حنیف کا ساتھی لڑکا اطلاعات بہم پہنچاتا رہا۔ اسے خبر نہ تھی کہ حنیف تو جانے کب سے ڈور تھی کا مداح تھا۔ اگر تیسری منزل پر دوسری منزل کے بابو صاحب کی بے عزتی کا قصہ نہ ہوتا تو حنیف کب کا اظہار عشق کر چکا ہوتا۔

"یار پتہ نہیں چلتا لوگوں کا۔۔۔ کوئی کچھ کہتا ہے کوئی کچھ۔۔۔" حنیف جب جوتے بنانے والے کاریگروں سے ڈور تھی کے بارے میں مختلف قسم کی باتیں سنتا تو اکتا کر کہا کرتا تھا۔۔۔ لیکن جب حنیف نے اپنے اصول کے خلاف مس ڈور تھی کے دیے ہوئے نمونے کی سینڈل خود بیٹھ کر بنانا شروع کر دی تو استاد کاریگر بندو معنی خیز ہنسی ہنس کر بولے تھے، "کیوں میاں کانٹے میں سینڈل کا چارہ لگا رہئے او۔۔۔"

اور سچ یہ سینڈل چارہ بن گئی۔ یہ بھی اتفاق تھا کہ حنیف اس رات سنہری سینڈل کی کتر بیونت میں پھنسا رہا اور میر کلو لکھنوی کے تنور پر دیر سے پہنچا، کھانا ختم ہو چکا تھا۔ صرف چنے کی دال گوشت کی ایک رکابی بچی پڑی تھی۔۔۔ وہ کھا کر اپنی شو فیکٹری میں بستر بچھا کر لیٹا تو مس ڈور تھی کی دی ہوئی مارلین منرو کی تصویر، سینڈل کا نمونہ ذہن میں اتارنے کو پکڑ لی۔ بس پھر اس نے اتنی رات گئے تک ڈور تھی کی پسندیدہ سینڈل دیکھی کہ

وہ پوری ٹانگ ہی اسے ڈورتھی کی ٹانگ لگنے لگی۔۔۔ اس گڑبڑ میں ہاضمہ بگڑ گیا۔۔ صبح صبح اپنے گراؤنڈ فلور کے مشترکہ غسل خانے کی طرف بھاگا۔۔۔ غسل خانہ اندر سے بند پاکر دوسری منزل پر مشترکہ چیزوں کو گالیاں دیتا گیا۔۔۔

مسٹر ڈگلس اسے دیکھ کر باتیں کرنے کے موڈ میں آنے لگے تو وہ ہاتھ سے اشارہ کرتا غسل خانے کی طرف چلا گیا مگر ایک فلش خراب تھا اور گندگی کے سمندر میں تیر رہا تھا اور دوسرا بند۔۔۔ تیسری منزل پر ایسی کیفیت میں جانے کا تصور اس کے ذہن میں کیسے آسکتا تھا مگر وہ بے سوچے سمجھے تیسری منزل پر تھا۔۔۔ جونہی اس نے دروازے کے ہینڈل کو ہاتھ مارا۔۔۔ اندر سے چٹخنی کھلی اور وہ باہر نکلتی ہوئی مس ڈورتھی پر یرا اسے ٹکرا گیا۔۔۔ مس ڈورتھی کے منہ سے آدھی سلگی ہوئی سگریٹ اس کے جاپانی کمونو پر سے ہوتی زمین پر گری اور المونیم کا مگ دروازے سے ٹکرا کر بجا۔

"ہلو!" ڈورتھی کے منہ سے گھبرا کر نکلا لیکن وہ غسل خانے میں بند ہو گیا۔۔۔ غسل خانے کی عجیب سی بو اور سگریٹ کا دھواں۔ "یہ مشترکہ چیزیں بھی خوب ہوتی ہیں۔" حنیف کے ذہن میں بجلی کے کوندے کی طرح خیال آیا۔ اس کے ہوش ٹھکانے آئے تو وہ عجیب سی کیفیت میں ہنس پڑا۔۔۔ کچھ حیرت کچھ مایوسی اور کچھ ہمدردی کی سی کیفیت۔ مس ڈورتھی کو اسے یہاں ملنا چاہیے تھا یا نہیں۔۔۔ یہ الگ بات ہے۔ مگر حنیف ڈورتھی سے کئی بار کہہ چکا ہے کہ سسرے فلم اور ناول والے ناحق ہیرو ہیروئن کو ملانے کے لیے سمندر، باغ اور موٹریں ڈھونڈتے ہیں۔ تب ڈورتھی اسے انگریزی میں گالیاں دینے لگتی ہے۔

ہاں تو حنیف نے وعدے کے مطابق اس شام سینڈل تیار کروالی۔ صبح کے واقعہ کے بعد جانے کیوں وہ خود اس سینڈل کو ہاتھ نہ لگا سکا۔۔۔ اللہ جانے یہ محبوب لوگ انسان

کے ذہن میں کیا بن کر گھستے ہیں کہ بعد میں صدمے پر صدمہ ہی اٹھانا پڑتا ہے! اگر اس شام حنیف سینڈل کا ڈبہ اٹھائے تیسری منزل پر نہ جاتا تو قصہ یہیں ختم ہو جاتا۔ حنیف پہنچا تو ڈور تھی کے ڈرائنگ روم کا دروازہ کھلا ہوا تھا۔۔۔ نیلی روشنی میں ہر چیز نرم نرم اور خواب ناک نظر آرہی تھی۔ گلابی گرہ لگے پردے، نیلی دری، سرخ سوتی قالین، گدے دار کرسیاں اور کاغذی پھول۔۔۔ اور گدے دار کرسی میں دھنسا ہوا گدیلے جیسا ایک آدمی۔۔۔ حنیف کو ایک دم یاد آیا کہ نیچے ایک موٹر کھڑی ہے۔ اور اسے اپنے پاؤں میں پڑا ہوا جوتا پنجے دباتا محسوس ہونے لگا۔

دوسرے لمحے ڈور تھی گولڈن سینڈل پہنے یہ دیکھ رہی تھی کہ کاٹتی تو نہیں۔ اس وقت اس کے جسم پر سیاہ کامدانی کی ساری تھی۔ حنیف کو اس کے پنوں سے کٹے ہوئے سنہری بال، سیدھی مانگ اور سانولے چہرے کے ساتھ عجیب سے لگے۔

"بیوٹی فل چوائس۔" موٹا اسے خواب ناک نظروں سے دیکھ کر بولا۔

"کیا قیمت ہے؟" پھر وہ حنیف سے مخاطب ہوا تھا۔

"کس کی؟" حنیف نے طنزاً پوچھا۔

"چالیس روپے ڈیر۔۔۔" ڈور تھی نے اپنا بٹوا کھولتے ہوئے جواب دیا۔ اور موٹے نے دس دس کے پانچ نوٹ حنیف کی طرف بڑھا دیے۔

"سب رکھ لو انعام ہے۔۔۔" موٹے نے کہا اور حنیف کے پیروں تلے جیسے اسپرنگ آگئے۔۔۔ وہ اچھلا اور اس نے موٹے کے گریبان پر ہاتھ ڈال دیا۔۔۔ ڈور تھی نئی سینڈل کی ایڑیوں پر توازن کھونے لگی۔

"کیا سمجھا ہے ہم تیرے نوکر ہیں بھڑوے؟" حنیف چیخا۔۔۔ اور ساری خواب ناک فضا بدل گئی۔۔۔ موٹا گردن نکال کر ہاتھ اٹھانے لگا۔

"آئی ایم ویری سوری۔۔۔ مسٹر۔۔۔ پلیز۔۔۔ پلیز۔۔۔" ڈور تھی دونوں کے بیچ میں آگئی اور اس نے ایک دم حنیف کے ہاتھ پر ہاتھ رکھ دیا۔۔۔ دوسرے لمحے حنیف تیسری منزل سے اتر رہا تھا۔۔۔ ہتک کے احساس سے تلملایا ہوا۔ اس نے فٹ پاتھ پر بکھری چمڑے کی رنگین کترنوں پر سے گزرتے ہوئے اس موٹر کو دیکھا جس میں بیٹھ کر ڈور تھی اس موٹے کے ساتھ جانے والی تھی۔۔۔ اس نے اپنی بندھی ہوئی مٹھی کالی موٹر پر ماری اور پھر آگے بڑھ کر مٹھی پر لگی ہوئی گرد کی تہہ کو پھونک مار کر اڑا دیا۔

"سالے نے ہمیں موچی سمجھا، ایسا ٹھونکتا کہ بیٹا کو چھٹی کا دودھ یاد آجاتا۔ وہ اگر بیچ میں نہ آجاتی تو۔۔۔؟" حنیف ایرانی کے ہوٹل کی طرف جاتے ہوئے دانت کٹکٹا رہا تھا۔

"اماں حنیف تمہیں بے وقوف ہو۔ خوامخواہ نواب میرزا اغن صاحب کی مثال سامنے رکھ کر یہ جوتے سازی شروع کر دی۔۔۔ بہت کہا کرتے تھے کہ موتی موتی رہے گالو اب موتی جوتیوں میں ٹانک لو۔۔۔ یہاں کراچی میں تمہیں کوئی کیا جانے کہ باوا خاندانی تھے۔۔۔ میاں پڑھ لیتے تو باوا کی طرح دفتر کے سپرنٹنڈنٹ ہوتے۔۔۔ نویں پاس کر کے دسویں کرنے میں کون سے پہاڑ ڈھونا پڑتے؟"

لیکن جب حنیف رات کو کئی گھنٹے ایرانی کے ہوٹل میں بیٹھ کر اپنی فیکٹری کو خواب گاہ بنانے لوٹا تو وہ اپنے آپ کو سمجھا چکا تھا، "ہونہہ بڑے بڑے لوگ آج کل قسم قسم کے کاروبار کرتے ہیں۔ وہ اپنے سید صاحب کھالوں کا کاروبار نہیں کرتے؟" پھر اس نے باہر نکل کر اپنے کمرے پر لگا ہوا بورڈ پڑھا "فینسی شو میکرز" اور اس سے اسے بہت تسلی ہوئی۔ شکر ہے کہ ملک میں ایک ایسی زبان موجود ہے۔۔۔ جس میں برے سے برا مفہوم بھی کچھ بھلا لگنے لگتا ہے۔۔۔ اگر اس جگہ فصیح اردو میں لکھا ہوتا "عمدہ جوتے بنانے والے موچی" تو جی پر کیا گزرتی۔ تب اس نے لات مار کر اپنا لپٹا ہوا بستر کھسکایا اور

اس پر ایسے تکلف سے بیٹھ گیا جیسے کسی ڈرائنگ روم کے صوفے پر ٹکا ہو۔

"پروپرائیٹر فینسی شو میکرز" اس نے زیرلب دہرایا اور دیوار کی طرف یوں دیکھنے لگا جیسے ڈور تھی اس کے سامنے ہو۔ "آپ کی تعریف؟"

"مس ڈور تھی مگ والی۔۔۔" اس کے ذہن میں ایک دم ابھرا اور وہ منتقمانہ انداز سے ہنس کر اپنے جوتے اتارنے لگا۔۔۔ اور پھر کپڑے۔۔۔ وہ اس وقت اتنا پر اعتماد تھا کہ ڈور تھی سچ مچ اس کے سامنے ہوتی تو وہ ذرا نہ کانپتا۔۔۔

لیکن ڈور تھی اس وقت آئی جب حنیف سوتے ہوئے خواب دیکھ رہا تھا کہ اس کی بیوی اور ماں آگئی ہیں۔۔۔ کراچی میں اسے بغیر پگڑی دیے اپنے کارخانے کے قریب ہی ایک کمرہ مل گیا ہے۔۔۔ بیوی اور ماں جو لکھنو سے آکر ابھی تک اس کے ماموں کے ہاں راولپنڈی میں پڑی کراچی پہنچنے کے لیے دن گن رہی تھیں۔ اس نے دیکھا کہ اس کی بیوی پاس بیٹھی ہے، وہ چومنا چاہتا ہے تو شرما کر سر ادھر ادھر کر لیتی ہے۔۔۔ ہاتھ جھٹک دیتی ہے۔۔۔ تب اس کی آنکھ کھل گئی۔ کمرے میں بدستور روشنی تھی اور ڈور تھی اس کا ہاتھ پکڑ کر ہلا رہی تھی۔۔۔

"ہم ادھر اکھا ٹائم (پورے وقت) پریشان ہوا۔۔۔ آئی ایم ویری سوری۔۔۔ وہ تمہارا انسلٹ کیا۔ ہم کو بہت گسہ ہوا۔ تم اپنا چالیس روپیہ ہمارا فلیٹ میں چھوڑ آیا تھا۔۔۔ یہ لو مسٹر۔۔۔" ڈور تھی الگ کھڑی جانے اور کیا کیا کہے جا رہی تھی۔ اس کے سنہرے بال پنوں کی قید سے کہیں کہیں آزاد ہو کر لمبے ہونے کی چغلی کھا رہے تھے۔ ہونٹ خشک اور آنکھوں میں نیند کے ساتھ ہمدردی کی آنچ آتی ہوئی۔۔۔ حنیف کو لگا کہ ابھی تک وہ خواب دیکھ رہا ہے۔

"تم اب ناراض نئیں ہوئیں گا۔ ہمارے کو لوگ کا دل ہرٹ (دکھانا) نئیں مانگتا۔ ام

ادھر کسی کا روم میں کبھی نئیں گیا، پن ہم سوچا ادھر ضرور آئے گا۔ کسی کو مت بولنا۔۔۔ ہم کسی کا انسلٹ نہیں مانگتا اس کا واسطے ہم ادھر کو سوری بولنے آیا۔۔۔ اپنا پیسہ لو۔۔۔"

اور جانے کیسے حنیف کا چکراتا ہوا سر گھٹنے پر آگیا۔۔۔ ایک بار پھر اسے اپنی بے عزتی کا واقعہ جی مسوستا لگا۔۔۔ یا پھر جانے کیا بات تھی۔ وہ رونا چاہتا تھا، رو پڑا۔ ڈور تھی تڑپ کر اس کے قریب آگئی۔۔۔ اس نے جھک کر اس کے گال پر بوسہ دیا، "نئیں روئیں گا۔۔۔ نئیں۔۔۔" ڈور تھی بول رہی تھی۔ مگر حنیف کے اندر دھم سے لاوا پھٹ پڑا۔۔۔ ڈور تھی اس کے کمرے میں تھی۔ اس لیے پولیس کو بلانے کی دھمکی نہ دے سکی۔

"آئی لو یو۔۔۔ مس ڈور تھی۔ آئی لو یو۔۔۔" جدوجہد کرتی ہوئی ڈور تھی کو لپٹانے کی کوشش میں حنیف کے منہ سے انگریزی کا یہ فقرہ بار بار ٹپک پڑتا۔۔۔ آخر ڈور تھی نے ہار کر جیسے خود حفاظتی کے لیے چاقو کا پھل چمکایا۔

"تب تم چالیس سینڈل کا چھوڑیں گا اور دس اور دیں گا۔۔۔"

رابعہ ہائی بلڈنگ کے مکینوں کو اس رات کے سودے کی خبر نہ ہوئی تو کیا ہوا۔۔۔ بعد میں جو سودے ہوئے ان کا تو رضیہ بیگم کو رتی رتی علم تھا۔ ڈور تھی کے پیروں میں جو روز نئے نئے سینڈل ہوتے وہ کہیں چھت سے تو نہ گرتے۔ ظاہر ہے کہ نیچے سے آتے۔۔۔ اور وہ جو روز صبح ڈور تھی کا چھوکرا سلیقے سے لگی ہوئی چائے کی ٹرے لے کر نیچے جاتا اور نیچے سے قورمے چپاتی کی ٹرے لاتا وہ محض کاروبار تو نہ تھا۔۔۔ رضیہ بیگم سینہ ٹھونک کر کہتیں، "ایسی عورتیں مرد سے چائے بنوا کر پیتی ہیں۔ اے بی جب وہ مرد کو چائے بنا کر بھیجنے لگیں تو سمجھ لو کم بخت کی جان کو چمٹیں۔۔۔"

رضیہ بیگم کی یہ تھیوری کوئی تسلیم کرنے کو تیار نہ تھا۔۔۔ بے شک حنیف کئی بار تیسری منزل پر ڈور تھی کے ہاں آیا تھا۔۔۔ مگر بیٹھا کھلے دروازے کے سامنے۔۔۔ رضیہ

بیگم منہ پر دوپٹے کی آڑ کیے کئی بار ایسے موقع پر غسل خانے جانے کے بہانے ادھر جھانکیں۔۔۔ لیکن کسی قابل اعتراض نظارے سے محروم رہیں۔۔۔ پھر بھی انہیں یہ غم تھا کہ حنیف جیسا بھلا آدمی خراب ہو کر رہے گا۔ اور دیکھنے والے دیکھتے کہ حنیف کے خراب ہونے میں کسر بھی کیا رہ گئی تھی۔ یا تو تمام دن اپنے کاریگروں میں گھرا آپ بھی رنگین چمڑے کی پتلی پتلی چٹیں مشین پر سیا کرتا یا چلتے پھرتے انہیں چٹوں کی چوٹیاں سی گوندھتا رہتا۔

اب استاد بندو کاریگر رابعہ بائی بلڈنگ کے ہر مکین سے حنیف کے کاروباری مستقبل کی تباہی کی پیشین گوئی کرتے رہتے۔۔۔ واقعی وہ تو یکسر بدل گیا تھا۔ جانے ڈور تھی اسے چائے میں کیا الو کی دم گھول کر بھیجتی تھی۔۔۔ جب دیکھو جب تیسری منزل پر دھماد ھم چڑھتا، سوٹ ڈالے ہاتھ میں ٹائی پکڑے چلا آرہا ہے۔ڈور تھی اسے روز ٹائی باندھنا سکھاتی لیکن وہ روز بھول جاتا اور پھر ڈور تھی سے بندھواتا۔۔۔ وہ دونوں کبھی کبھی رکشا میں بیٹھ کر باہر بھی جانے لگے۔۔۔ مگر ڈور تھی رات کو تو اکثر اکیلی ہی فلم کمپنی کو جاتی۔۔۔ ایسی صبح حنیف ڈور تھی کی بھیجی ہوئی چائے واپس کر دیتا۔

"فلم کمپنی کو تو جانا ہی مانگتا۔۔۔ حنیف بہت گلتی کرتا (غلطی) تم بولو بائی ہم ناچے گا نہیں تو مر جائیں گا۔۔۔ تم جانتا بائی ہم کو ناچ کا بہت شوق ہینگا۔۔۔" ڈور تھی چائے واپس آنے پر اداس ہو کر زینب بائی سے شکایت کرتی۔۔۔ اور پھر کواڑے بند کر کے اپنی صبح صبح کی مشق شروع کر دیتی۔۔۔ اس کا دیوانوں کی طرح مست ہو کر ناچنا زینب بائی تک کو بھلا لگتا۔۔۔ اس پر سے دوسری منزل کے مسٹر ڈگلس کا وائلن جیسے پکارنے لگتا۔ ڈور تھی ناچ رہی ہے۔۔۔! ڈور تھی ناچ رہی ہے۔۔۔!! اس اطلاع پر حنیف کے گلے شکوے مٹ جاتے اور زینب بائی دیکھتیں کہ حنیف دروازے میں کھڑا ڈور تھی کو یوں دیکھ رہا ہے جیسے

اس پر مسمریزم کیا گیا ہو۔

ڈور تھی جب حنیف کے ساتھ گھر سے نکلتی، تو اس کی ساری کے ساتھ ہم رنگ سینڈل ہوتی۔ وہ ترنم سے کھٹ کھٹ کرتی زینہ اتر جاتی۔۔۔ تو تیسری منزل کی عورتیں اپنے کمروں میں جھانکنے لگتیں۔۔۔ ایک دن رضیہ بیگم کی بیٹی نے زینب بائی کی موجودگی میں بڑے چاہ سے کہا، "اے اماں جان ڈور تھی جیسی سرخ سینڈل ہمیں بھی بنوادو۔۔۔ ہم کہیں جاکر حنیف بھائی سے۔۔۔؟"

اس پر رضیہ بیگم کا ماتھا ٹھنکا، "لو بھئی اب ہماری لڑکیاں اس کی ریس کریں گی۔۔۔ اور یہ حنیف، خدا کی مار ہو اس پر، شریفوں سے تو یوں بھاگتا ہے جیسے کاٹ لیں گے۔۔۔ میری بچی کی سینڈل نہ بنا کر دی کبھی۔۔۔ اور اس حرافہ کے لیے روز بغل میں ڈبے دبائے حاضر۔۔۔"

یہ پہلا موقعہ تھا کہ رضیہ بیگم چیخی چلائیں نہیں، بلکہ انہوں نے برقعہ اوڑھ کر پوری رابعہ بائی بلڈنگ کے بال بچے دار لوگوں کو خطرے سے آگاہ کیا، "ڈائن بھی اپنا پڑوس چھوڑ کر کھاتی ہے۔۔۔" ان کے پاس سب سے بڑی دلیل یہی تھی۔ دوسرے دن وہ وفد بن گیا جس نے رابعہ بائی بلڈنگ کی مالک حلیمہ بائی سے شکایت کی اور حلیمہ بائی کے کارندے کو تحقیق کے لیے تیسری منزل پر آنا پڑا۔ ڈور تھی کا نیلے پینٹ اور چمکتے ہوئے ہینڈل والا دروازہ بند تھا۔۔۔ زینب بائی کو خوشی ہوئی کہ اس وقت ڈور تھی اکیلی ہے۔ وہ سانس روکے اپنے دروازے پر کھڑی تھیں۔۔۔ اور رضیہ بیگم اپنے میاں کے پیچھے دوپٹہ منہ پر ڈالے لیکن سینہ کھولے کھڑی سوچ رہی تھیں، "دیکھیں سب باتوں پر 'نہ' کر دے مگر حنیف کے قصے پر کیسے مکرتی ہے؟"

دوسری منزل پر وائلن بج رہا تھا اور تیسری منزل کے بند کمرے میں ایڑیوں کی

کھٹ کھٹ ہو رہی تھی۔ کچھ دنوں سے ڈور تھی ہسپانوی خانہ بدوش ناچ کی دلدادہ ہو گئی تھی۔ حلیمہ بائی کا کارندہ اپنے بید سے کوریڈور میں تال دیتا رہا۔ اس کے پیچھے بلڈنگ کے بیشتر مکین مرد صف بستہ تھے۔۔۔ وائلن بند ہو گیا۔۔۔ کھٹ کھٹ ہوتی رہی، پھر کارندے نے اپنے بید کی مٹھ سے دروازہ کھول دیا۔ زینب بائی کا دل دھڑکتے دھڑکتے رک گیا۔ ڈور تھی بند دروازے کے پیچھے آج اکیلی نہیں تھی۔ وہ حنیف کی گردن میں بانہیں ڈالے ابھی تک ایڑیاں بجا رہی تھی۔۔۔ جیسے ذبح کی ہوئی مرغی پھڑک رہی ہو۔

"دیکھا۔۔۔ دیکھا یہ رنڈی خانہ بنا رکھا ہے۔۔۔" دلی والے صاحب سب سے پہلے بولے۔

"باہر نکالو اس رنڈی کو۔۔۔" دوسری منزل کے بابو صاحب آگے بڑھ کر چیخے۔۔۔ ڈور تھی اچھل کر الگ ہو گئی۔ پھر وہ چھوٹی سی گھگری اور پیٹ کھلے بلاؤز میں سینہ تان کر باہر آگئی۔

"تم ہمارا ڈور کیوں کھولا امین بھائی۔۔۔" بلڈنگ کے لوگوں نے پہلے بار ڈور تھی کی اونچی آواز سنی، وہ کارندے سے مخاطب تھی، "تم خود بند کریں گا ہمارا دروازہ، بند کرو ہم بولا بند کرو۔۔۔" ڈور تھی چیخی۔

"ہاں تاکہ تم یہاں مزے کرو۔۔۔" دلی والے صاحب دانت پیس کر آگے بڑھے۔

"تم بھی اپنے گھر میں مزا کرنا مانگتا مولبی صاحب۔۔۔" ڈور تھی چیخی، "یہ ہمارا گھر ہے ہم اس کا کرایہ دیتا ہے۔"

"بڑی آئی ہمارے منہ لگنے والی۔۔۔ کمینی رنڈی حرافہ شریفوں کے محلے میں۔۔۔" رضیہ بیگم اپنے میاں کی بے عزتی برداشت نہ کر سکیں اور بیچ میں کود پڑیں۔۔۔

اس کے بعد وہ ہوا جو نہیں ہونا تھا۔۔۔ڈور تھی نے شریفوں کے محلے کو ادھیڑ کر رکھ دیا۔ اسے انگریزی اور بمبیا اردو میں جتنی گالیاں آتی تھیں، وہ سب بک ڈالیں۔۔۔ اس نے الزام لگایا کہ رضیہ بیگم خود حنیف کو پھانسنے کی فکر میں تھی۔۔۔ نتیجہ عورتوں کی مار پیٹ کی صورت میں نکلا۔۔۔

"ہاں ہم حنیف پر مرتا۔ وہ ہم پر مرتا، ہم اپنا جان بھی اس کو دیں گا۔۔۔"ڈور تھی رضیہ خانم سے پٹتے اور اسے پیٹتے ہوئے رو رو کر کہہ رہی تھی۔۔۔تب ایک دم حنیف کے پتھر جیسے جسم میں جنبش ہوئی۔۔۔ وہ کوریڈور میں آگیا اور نچھی کچھی ڈور تھی کا ہاتھ پکڑ لیا۔

"خبر دار جو کسی نے اب میری عورت کی طرف آنکھ اٹھائی۔۔۔" حنیف آنکھیں نکال کر گھمبیر آواز میں بولا۔

"مگر یہ تمہاری عورت نہیں۔۔۔" بابو صاحب پیچھے ہٹتے ہوئے کہہ گئے۔ اسی وقت نیچے سے حنیف کے سارے کاریگر بھرامار کر اوپر پہنچ گئے۔۔۔ اب حنیف اور اکڑ گیا۔۔۔

"یہ میری عورت نہیں؟ اچھا!"حنیف کا منہ لال ہوگیا۔ پھر اس نے بندو خان کاریگر کو دیکھا، "اے بھائی بندو خاں! نیچے کسی کو دوڑانا تو ذرا لڈو لے آئے۔۔۔ آیئے مولانا دلی لکھنو کا جھگڑا تو وہیں رہ گیا۔۔۔ اب ہم کراچی میں ہیں۔۔۔ دو بول پڑھا دیجیے۔ اللہ آپ کی مشکلیں آسان کرے گا۔۔۔" یہ کہہ کر اس نے ڈور تھی کو سر سے پاؤں تک دیکھا اور ہلکا سا دھکا دے کر اسے کمرے میں دھکیل کر دروازہ بند کر لیا۔

حلیمہ بائی کے پاس کارندہ گیا تو نکاح کے لڈو لے کر۔۔۔ حلیمہ بائی کو سارے قصے سے صرف اتنی ہی دلچسپی تھی کہ ڈور تھی آئندہ بھی ان کی کرایہ دار رہے گی۔ مگر رابعہ

بائی بلڈنگ کے مکینوں کی ساری دلچسپی جوں کی توں تھی۔

استاد بندو کاریگر حنیف کے کاروباری مستقبل کے بارے میں ضرورت سے زیادہ فکر مند رہتے۔۔۔ وہ کہا کرتے، "دیکھ لینا میاں، ایک دن جو خود بیٹھ کر حساب لگاؤ گے تو بدھیا بیٹھی نظر آوے گی۔ میاں جوتا سازی تو جبھی ہووے ہے کہ مالک سر پر بیٹھا رہوے۔۔۔ اب میں کام کر رہا ہوں تو کاریگروں کے ہاتھوں پر نظر بھی رکھ ریا ہوں۔۔۔" مگر حنیف پاجامہ پہنے چپلیں گھسیٹتا تیسری منزل پر چلا جاتا اور ڈورتھی کو قورمہ کباب پکانے کی صحیح ترکیب بتانے لگتا۔ ڈورتھی یوں تو بڑی ذہین تھی لیکن مرچ مصالحے کا صحیح توازن قائم رکھنا بھی کوئی بچوں کا کھیل نہیں۔۔۔ روز کوئی نہ کوئی گڑبڑ ہو جاتی۔ ہاں جب وہ کمونو پر ایپرن باندھے انگیٹھی کے سامنے کھڑی جھپا جھپ چپاتیاں اتارتی تو حنیف کو اپنی بیوی کے ہاتھ کی چپاتیاں یاد آ جاتیں۔ بیوی جو کراچی آنے کے لیے بے تاب تھی اور ہر دوسرے تیسرے دن اس کی اماں کی طرف سے خط لکھوا دیا کرتی تھی۔ اور یہ خط حنیف کی جیب سے ڈورتھی کے اسپرنگ والے پلنگ پر گر جاتے تو وہ انہیں اٹھا کر رضیہ بیگم کے پاس لے جاتی۔ ہر خط میں ایک سی بات پڑھوا کر سننے کے بعد وہ اکتا سی جاتی لیکن ایک ہی سی ہمدردی کرنے سے رضیہ بیگم نہ اکتاتیں۔

"ہائے بے چاری کو کتنی دور ڈال رکھا ہے حنیف نے، پھر تمہارا دل کیا کہتا ہوگا؟ ہمیں پہلے معلوم ہوتا کہ حنیف بال بچے دار ہے تو۔۔۔"

"افوہ! فیر کیا۔ سب چلتا۔۔۔" ڈورتھی شانے اچکا کر کہتی اور کمونو کے اندر جلدی جلدی میں چھڑکا ہوا ٹیلکم پوڈر ہاتھ ڈال کر سینے پر ملنے لگتی۔

"وہ بولتا ہمارے کو اکھا جان سے پیار کرتا۔ جب سے وہ ہمارے کو دیکھا۔۔۔ کیا ہونے سکتا۔۔۔؟ پن دیکھو ادھر کراچی میں پگڑی بنا روم نہیں ملتا۔۔۔ ادھر بمبئی میں بھی

پگڑی چلتا تھا۔۔۔ ہم ادھر تین روم کا فلیٹ واسطے تین ہزار پگڑی دیا تھا۔۔۔" ڈور تھی کی نظریں کہتیں جیسے وہ ابھی بمبئی سے ہو کر آئی ہے۔۔۔ پھر وہ ایک دم اپنی جاپانی کھڑاؤں پر ڈولتی اپنے فلیٹ میں غائب ہو جاتی۔۔۔ اور جب رضیہ بیگم اس امید پر غسل خانے کا چکر لگاتیں کہ دیکھیں سوکن کے سلسلے میں وہ حنیف کی خبر کس طرح لے رہی ہے تو یہ دیکھ کر بڑی مایوس ہوتیں کہ ڈور تھی برش لیے دری پر سے حنیف کے جوتوں کا نشان جھاڑ رہی ہے۔۔۔ جانے اب حنیف باوجود اس کی ہدایت کے جوتے مونج کی چٹائی پر رگڑنا کیوں بھول جاتا ہے! ڈور تھی بڑے پیار سے زینب بائی سے شکایت کر چکی تھی۔۔۔

حنیف کا کیا؟ سب دیکھتے کہ حنیف تو ڈور تھی کے قبضے میں آکر عقل ہی چھوڑ بیٹھا تھا۔ وہ کاریگروں کو استاد بندو کے سپرد کر آرام سے کام نمٹانے کے لیے چمڑے کی لمبی لمبی رنگین اور روپہلی سنہری چٹوں کا گچھا لیے اوپر آتا۔۔۔ مشین تو بہت پہلے سے اوپر ہی رکھی ہوئی تھی۔ وہ چمڑا مشین پر ڈال کر دری پر آلتی پالتی مار کر بیٹھ جاتا اور آواز لگاتا۔

"ڈارلنگ جلدی کھانا دو آج بہت کام کرنا ہے۔۔۔" ڈور تھی دوسرے کمرے میں جلدی سے ایپرن کھول کر دوبارہ ٹیلکم پوڈر کمونو کے اندر چھڑکتی۔ چہرے پر پف مارتی اور آکر مصنوعی غصے سے چلاتی، "تم ہندو مافق زمین پر بیٹھیں گا تو ہم کھانا نہیں دینے مانگتا۔۔۔" وہ منہ بنائے اس کا ہاتھ پکڑ کر کھینچتی۔ اندر جو دوسرے کمرے میں اس نے ننھی سی میز سجا رکھی تھی۔۔۔ اسے بیکار کیسے چھوڑ دیتی۔

"اوہ بھول گیا تھا میم صاحب۔۔۔ بھول گیا تھا۔" حنیف اسے چومنے کی کوشش کرتے ہوئے کہتا اور کھانے پر ٹوٹ پڑتا۔۔۔ اس کے بعد "بہت سا کام" بھول کر ڈور تھی کے پلنگ پر ایسا سوتا کہ اسے خبر بھی نہ ہوتی کہ ڈور تھی کب اٹھ گئی۔ کب اس نے حنیف کے جھوٹے برتن دھوئے اور کب اس کے ملے دلے سوٹ پر استری کی۔۔۔ کب جوتے

پالش کی۔

"ام بولتا کیسا سلی (بے وقوف) ہے حنیف۔۔۔" وہ میلا جوتا اٹھاتے ہوئے ہمیشہ بڑبڑاتی، "لوگ بولے گا آپ جوتا فیکٹری کا پروپرائٹر اور اتنا ڈرٹی (گندہ) شو پہنتا۔۔۔ شام کو کدھر پکچر یا ہوٹل جانے کے ٹائم اسی مافق پہن لیں گا۔۔۔"ڈور تھی کو شام اس کے ساتھ باہر جانے کا خطرہ ہر روز ستاتا۔۔۔ مگر حنیف یہ بھی بھول جاتا۔

"ہمارے کو دیکھ کر سب کچھ بھولیں گا۔ سلی! اپنا بزنس تو کرنا ہی مانگتا۔۔۔"ڈور تھی مشین کے پاس چمڑے کی چٹیں دیکھ کر اور بھی غصہ ہونے لگتی پھر مشین پر جھک کر چمڑے کی چٹوں پر بخیہ کرنے لگتی۔ مشین کی آواز سن کر کئی بار زینب بائی اس کے ہاں آئی تھیں۔۔۔ ایسے موقع پر ڈور تھی ان کے سامنے شکایتوں کا دفتر کھول دیتی، "یہ حنیف ہمارے کو پا کر سب کچھ چھوڑ دیا۔ اکھا دن ادھر رہیں گا۔۔۔ پھر بولتا بڑا لاس (نقصان) ہوتا۔۔۔ وہ اپنا حساب کتاب بھی نہیں کرنے کو مانگتا۔ ہم مال کا سپلائی کا بل دکان پر جا کر نہ مانگے تو کاریگر لوگ کو شام میں پیسہ بھی نہیں ملیں گا۔ تم بولو بائی ایسا کیسا چلیں گا۔۔۔؟" ڈور تھی مشین پر جھکی مسلسل بولے جاتی اور اس کی سمجھ میں نہ آتا کہ زینب بائی کا بچہ کیوں ٹھنکے جا رہا ہے۔ دراصل حنیف کے ساتھ رہ کر وہ خود بھی بھلکڑ ہو گئی تھی۔۔۔ خود ہی سویرے جب بید کی ٹوکری لٹکائے سبزی گوشت کے لیے کاریڈور میں سے کھٹ کھٹ کرتی گزرتی تو بچے سے کہہ جاتی، "بے بی تمہارا واسطے ٹافی لائیں گا۔۔۔" پھر جب واپس آتی تو یہ وعدہ قطعی بھول جاتی۔

"تم کسی کو نہیں بولیں گا۔ ہم جانتا حنیف کا بزنس خراب ہو گیا۔۔۔" وہ کتنی ہی بار زینب بائی کو بتا چکی تھی۔ لیکن یہ عجیب بات تھی کہ فینسی شو فیکٹری میں کاریگروں کی تعداد بڑھتی جا رہی تھی اور حنیف اپنے مکرانی پڑوسی سے کئی بار کہہ چکا تھا کہ اگر وہ کمرہ

چھوڑ دے تو وہ ڈیڑھ ہزار روپیہ پگڑی دینے کو تیار ہے۔۔۔ آخر نئے کاریگروں کو بیٹھنے کی جگہ چاہیے تھی۔۔۔اس وجہ سے رضیہ بیگم اور ان کے میاں کا کہنا تھا کہ حنیف ڈور تھی کی کمائی بھی کھاتا ہے۔۔۔" یہ نکاح تو پردہ ڈالنے کو تھا۔ رضیہ بیگم چپکے سے کہا کرتیں۔

"بائی ہم کس طرح بولیں گا۔ ڈور تھی تو فلم کمپنی جانا بھی چھوڑ دیا شام کو۔۔۔" زینب بائی پریشانی سے سر ہلاتیں۔

"اے چلو رہنے دو۔ دن کو جو بن ٹھن کر جایا کرتی ہے۔۔۔؟" رضیہ بیگم کے پاس منطق موجود تھی۔

"او بی بی ہم کو پتہ ہے۔ حنیف کا بزنس بل لینے جاتا، اور سبزی گوشت بھی تو بازار سے لاتا۔۔۔ چھوکرا ابھی تو نکالا ہے ڈور تھی نے۔۔۔" زینب بائی بتاتیں۔

"ہونہہ! سب بہانے ہیں بی۔ اگر کچھ نہ ہوتا تو یہ روز روز ناچ کی کھٹ کھٹ نہ بند ہو جاتی اور نیچے اب بھی بڈھا کھٹ کھٹ کے ساتھ انگریزی سارنگی کی ٹوں ٹوں کرتا ہے۔۔۔!" رضیہ بیگم پاؤں پٹختی اپنے کمرے میں جاکر پان منہ میں ٹھونس لیتیں۔ اور زینب بائی ایک بار پھر یہ بتانے کو بے چین رہتیں کہ ڈور تھی نے حنیف سے کہہ دیا ہے کہ ناچ تو اس کی زندگی ہے۔۔۔ وہ نہیں ناچے گی تو مر جائے گی۔ پھر حنیف کی بھی اس کے ہسپانوی ناچ پر جان جاتی ہے۔۔۔ ہاتھوں میں ننھی ننھی مجیریاں، جسم پر ذرا سی جھالروں والی گھگری اور چولی۔۔۔ زینب بائی نے تو خود اپنی آنکھوں سے دیکھا تھا کہ ناچ کے وقت حنیف پاجامے کے بجائے سوٹ پہن کر بیٹھتا اور ڈور تھی اس کے سامنے ناچتی۔

"ہمارے کو پاجامہ اچھا نہیں لگتا، پن حنیف پہننے کو مانگتا۔ ہم بولتا اکھا ونسوٹ پہنے گا تم۔۔۔" ڈور تھی زینب بائی سے شکایت کرتی اور خود ہی کہنے لگتی، "حنیف کا بزنس ڈاؤن ہے۔۔۔ کام بہت کرتا، تھک جاتا۔۔۔ اس کر کے ہم اس کا بزنس کا بہت خیال کرتا۔۔۔

بزنس اچھا ہوئیں گا تو ہم منیجر رکھیں گا، فیر ہم دونوں روز ایوننگ کو باہر جائیں گا۔۔۔ ہوٹل، پکچر، کلفٹن۔۔۔" ڈور تھی یہ سب کہتے کہتے اپنی کالی آنکھیں نیم وا کرلیتی۔۔۔ اس کے جبڑوں کی ابھری ہوئی ہڈیوں تلے دبے ہوئے رخساروں کی ندی سی نمایاں ہو جاتی اور چوڑا دہانہ ذرا سا کھل جاتا جس میں سے سونے سے مڑھا ہوا دانت چمک اٹھتا۔

مکرانی نے اپنا کمرہ حنیف کو دے دیا۔ کاریگروں کی تعداد بڑھتی ہی گئی۔۔۔ اس کمرے کے ایک کونے میں ڈور تھی کے کھانے کی ننھی سی میز پہنچ گئی۔ یہاں بیٹھ کر اب حنیف ناولیں پڑھتا جاتا اور کام کی نگرانی بھی کرتا جاتا۔ مال سپلائی کرنے کے جو آرڈر آتے انہیں بھی لیتا۔۔۔ مگر اس موقع پر ڈور تھی کو دوڑنا پڑتا۔ جیسے ہی کوئی موٹر یا موٹر سائیکل رکشا نیچے رکتی، ڈور تھی ہزار کام چھوڑ کر نیچے بھاگتی۔

"دیکھا یار آئے ہیں پرانے۔۔۔" رضیہ بیگم ہانک لگاتیں۔۔۔ اور زینب بائی جواب دینا ضروری سمجھتیں۔ اب یہ ان کی بدنصیبی تھی کہ ڈور تھی کی ان سے دوستی تھی۔ اور وہ انہیں ہر بات بتاتی تھی۔

"ڈور تھی نیچے مال مانگنے والے کے سامنے جا کر ایڈوانس کے واسطے انگریزی بولیں گا بائی۔۔۔ حنیف نہیں بولنے سکتا۔۔۔ ڈور تھی بتاتا، بغیر انگریزی لوگ ایڈوانس نئیں دیتا۔۔۔" زینب بائی بتاتیں اور رضیہ بیگم کھڑکی سے نیچے جھانکتے ہوئے اپنی بیٹی کے ساتھ مل کر اتنا ہنستیں کہ ان کے آنسو نکل آتے۔ دوسری منزل کے بہاری بابو صاحب اپنی بوہرہ پڑوسن کو قسم کھا کر بتا چکے تھے کہ حنیف نے پگڑی کے ڈیڑھ ہزار روپے اس کے بنک ہی سے نکلوا کر مکرانی کو دیے۔ اور بنک میں اکاؤنٹ ڈور تھی کے نام کا تھا۔

"اور اب دیکھو اسے چلاتا ہے۔۔۔ کیسا بے غیرت۔۔۔" بابو کہتے۔ لیکن مسٹر ڈگلس ہمیشہ بوہرہ عورت سے کہتے، "دیکھا عیسائی وائف اپنے ہسبنڈ کی کتنی مدد کرتی ہے۔

اس نے حنیف کو کیا بنا دیا۔۔۔ پھر تم کو پتہ ہے وہ ہسپانوی ناچ کتنا اچھا ناچنے لگی ہے۔۔۔ وہ تو ہمیشہ سے ناچ کی دیوانی ہے۔ جب ذرا سی تھی سیٹھ کی لڑکیوں کو دیکھ کر منٹ بھر میں ناچ کی نقل کر لیتی تھی۔"

اور بوہرہ عورت بڑھے ڈگلس کو یوں دیکھتی جیسے وہ پاگل ہو۔ یہ پاگل پن کی بات نہ تھی تو کیا کہ ڈورتھی کی کھٹ کھٹ کے سمے وہ ہمیشہ نیچے ہوتا پھر بھی اسے علم تھا کہ ڈورتھی کیسا ناچ رہی ہے۔ پھر ایک دن رضیہ بیگم کے لکھے ہوئے خط کے جواب میں راولپنڈی سے حنیف کی بیوی، ماں اور دونوں بیٹیاں آ گئیں۔ روتی بین کرتی وہ سیدھی تیسری منزل کے کاریڈور میں آ کر برقعے اٹھا کر بیٹھ گئیں۔

"ارے کیا کر ڈالا۔۔۔ ارے پردیس میں ڈال کر منہ پھیر لیا۔۔۔ ارے کراچی میں راس رچا لیا۔۔۔" حنیف کی بیوی نے سینے پر ہاتھ مار مار کر ایسے درد سے بین کیے کہ رضیہ بیگم، زینب بائی اور بلڈنگ کی دوسری عورتیں بھی اس کے گرد اکٹھا ہو کر رونے لگیں۔۔۔ حنیف کا چہرہ غصے سے سرخ تھا۔۔۔ وہ اب اتنی عورتوں کے سامنے اپنی بیوی کا منہ تھپڑوں سے تو بند کرنے سے رہا تھا۔۔۔ اس نے بیوی کو گھسیٹ کر ڈورتھی کے فلیٹ میں ڈال دیا اور پھر آہستگی سے اپنی اماں کا ہاتھ پکڑ کر اٹھایا، "اماں کیا کروں یہاں مکان نہیں ملتا۔ ورنہ آپ کو پہلے بلا لیتا۔۔۔"

تب ڈورتھی سبزی گوشت کی ٹوکری اٹھائے تیسری منزل پر نمودار ہوئی۔ عورتیں اب تک کوریڈور میں جمع تھیں۔

"حنیف بھائی ڈورتھی آ گئی۔۔۔" رضیہ بیگم نے منہ پر دوپٹہ ڈال کر باآواز بلند یوں اعلان کیا جیسے بھاگا ہوا بچہ پکڑ آیا ہو۔ ڈورتھی اندر گئی۔۔۔ سب منتظر تھے۔۔۔ پھر سب مایوس ہو گئے۔ ڈورتھی نے اپنا ایک کمرہ خالی کر دیا۔۔۔ بیچ میں سے دروازہ بند ہو گیا۔

"کیا ہونے سکتا۔ ادھر بنا پگڑی روم نہیں ملیں گا۔۔۔ اور حنیف کا بزنس ڈاؤن ہے۔۔۔ کاریگر مزدوری بہت مانگتا۔۔۔ فیر دوپہر کا ٹائم کھانے کا چھٹی مانگتا۔۔۔ اکھا دو گھنٹہ کھانا کھاتا رہتا۔۔۔ اور ادھر کو کام بند رہتا۔۔۔ ہم استاد بندو کو بولا، یہ بات گڑبڑ کا ہے۔ وہ بولا کھانا تو مانگتا۔۔۔ ہم بولا سمجھو ادھر ہم کینٹین بناتا۔ دوپہر کا کھانا ہم دیں گے۔۔۔ کھانے کا پیسہ مزدوری میں کٹواؤ۔۔۔ سب بڑا فیکٹری میں کینٹین ہوتا۔۔۔ اب ادھر ایک روم ہے۔ پن ہم گزارہ کریں گا۔۔۔ فیر جب حنیف کا بزنس "لاس" نہیں کریں گا تو ہم پگڑی پر بڑا فلیٹ لیں گا۔۔۔"ڈورتھی نے اپنے ڈرائنگ روم کو سمیٹ کر کونے میں کر دیا اور پردے کے پیچھے اسپرنگ والے پلنگ کے پاس ٹین جڑی میز پر بڑے سے دیگچے میں گوشت بگھار کر انگیٹھی دھونکنا شروع کر دی۔

"پن یہ تمہارا سوکن۔۔۔ اس کو بولو کینٹین کا کام کرے۔۔۔" زینب بائی نے چھیڑا۔

"فوہ! حنیف اس کو کبھی پسند نہیں کیا۔۔۔ وہ بولتا بہت سست عورت ہیں، کچھ حنیف کا کھیال نہیں کیا کبھی۔۔۔"ڈورتھی ہاتھ جھٹک کر مطمئن انداز سے بولی۔

شام کو بڑی دیر تک مسٹر ڈگلس انتظار کرتے رہے کہ وائلن چھیڑیں۔۔۔ پھر جب وہ مایوس ہو کر اپنا سفید کوٹ پہنے ایک سیٹھ کے ہاں ٹیوشن کے لئے جانے لگے تو ڈورتھی کے کمرے میں کھٹ کھٹ شروع ہو گئی۔۔۔ مسٹر ڈگلس اچھل کر کھڑکی کے پاس کھڑے ہوئے اور وائلن بجانے لگے۔ ونڈر فل! ونڈر فل!! وہ بڑبڑاتے رہے۔ اوپر حنیف کی ماں اس کھٹ کھٹ سے گھبرا کر رضیہ خانم کے پاس پہنچیں۔۔۔ اور جب انہیں پتہ چلا کہ اس کھٹ کھٹ کا مطلب کیا ہے تو انہوں نے رونا بین کرنا شروع کر دیا۔

"ارے حنیف کیا گکرم کر رہا ہے۔"حنیف ماں کو نہ سمجھا سکا۔ اور اسے ڈورتھی سے

بات کرنا پڑی۔

"پر مسٹر ڈگلس ہم بولا حنیف ناچنا ہمارا لائف ہے۔۔۔ ہم ناچیں گا اور تم دیکھیں گا۔ اس کے بنا ہم مر جائیں گا۔۔۔ فیر حنیف بولا ڈارلنگ تم ہمارا مدر کو نئیں جانتا۔۔۔ اس کر کے تم روز ناچ واسطے مسٹر ڈگلس کے گھر جانا مانگتا۔۔۔ مے آئی ڈانس ہیئر؟ (کیا میں یہاں ناچ سکتی ہوں)" ڈور تھی بڑے پیار سے مسکرا کر جھکی۔

ڈور تھی نے ایک کونے میں جا کر گھگری اور چولی پہنی اور کرسی پر بیٹھ کر حنیف کا انتظار کرنے لگی۔ پھر حنیف سوٹ پہنے ٹائی ہاتھ میں لیے مسٹر ڈگلس کے گھر آ گیا اور ڈور تھی دیوانہ وار ناچتی رہی۔۔۔ ناچتی رہی۔ فیکٹری میں کام کی دیکھ بھال کے لیے منیجر آ گیا۔ یہ حنیف کا سالا تھا۔۔۔ ڈور تھی کو کینٹین چلانے اور سینڈلوں کے نئے ڈیزائن تیار کرنے سے اتنی فرصت نہ تھی کہ وہ آرڈر بک کرنے اور بل وصول کرنے جا سکتی۔ اس لیے اس کام کے لیے حنیف کے سالے کی رائے سے ایک اینگلو پاکستانی لڑکی کو پارٹ ٹائم ملازم رکھ لیا گیا۔

پھر انہی دنوں رضیہ بیگم کی بیٹی سے حنیف کے سالے کی شادی کی بات پکی ہو گئی۔ ساتھ ہی حنیف کی والدہ کی رائے ہوئی کہ حنیف کی بڑی لڑکی ماشاء اللہ چودہ سال کی ہو گئی ہے اور ماحول اچھا نہیں، اس لیے اسے بھی چلتا کیا جائے۔۔۔ رضیہ بیگم نے اس سلسلہ میں مدد کی اور حنیف کی لڑکی کی بات بھی طے ہو گئی۔

کاروبار پھیلایا جائے تو نفع یوں بھی کم ہوتا ہے، اس پر سے یہ شادیاں آ پڑیں۔ حنیف کی لڑکی کا جہیز ایک مسئلہ بن گیا۔ ایک دن وہ بغل میں پوٹلی دبائے ڈور تھی کے کمرے میں آ کھڑی ہوئی۔ اور کافی دیر سوچنے کے بعد اسے وہ انگریزی لفظ یاد آیا جس سے اسے ڈور تھی کو مخاطب کرنا تھا، "فیر ڈارلنگ! بے بی بولا" ممی دیکھو دادی ہم کو شادی

واسطے یہ کپڑے دیتا۔۔۔ ہم دیکھا ڈارلنگ! ہم کو بہت شیم ہوا (شرم)۔ تم کچھ کرنا مانگتا ڈارلنگ۔" ڈورتھی نے اس رات جہیز کے معاملے میں دخل دینا چاہا۔ مگر حنیف اینٹھ گیا۔

"میں کیا کروں تم خود ہی تو بزنس پھیلوا رہی ہو۔۔۔ میں کچھ نہیں کر سکتا۔"

"ایک بات بولیں گا ڈارلنگ۔ تم غصہ تو نہیں کریں گا۔۔۔ ہم تمہارا دیا ہوا چاروں ساری "بے بی" کو دے دیا۔ اور گولڈن سینڈل بھی۔۔۔"

اور حنیف نے غصہ کیا۔۔۔ ڈورتھی اسے چومتی رہی، وہ اپنے آپ کو چھڑا کر باہر چلا گیا۔۔۔ یہ اس کے رکنے کا وقت تھا کیونکہ ڈورتھی اس وقت ڈگلس کے ہاں جا کر ناچتی تھی۔۔۔ تب ڈورتھی دھم دھم کرتی کوریڈور سے گزری اور ڈگلس کے ہاں جا کر اتنا ناچی اتنا ناچی کہ بے دم ہو گئی۔

دونوں شادیاں ہو گئیں۔۔۔ کینٹین چلتی رہی۔۔۔ حنیف کی بیوی کو الٹیاں آنے کی بیماری ہو گئی، اس لیے کینٹین کا کھانا ادھر بھی جانے لگا۔ اور پھر ایک رات بلی کی طرح ایک نوزائیدہ بچہ ڈورتھی کے دوسرے کمرے میں رویا۔ اسی دن حلیمہ بائی کا کارندہ ڈورتھی کے دروازے پر آیا کہ کچھ کرایے میں اضافہ کرو۔۔۔ ڈورتھی آج اپنے کمرے سے چولی گھگری میں ملبوس مجیریاں انگلیوں میں پہنے بغیر کمونو کے باہر آ رہی تھی۔ کارندے کے منہ سے کرایے میں اضافے کی بات سن کر وہ ایک دم ویسی ہی بن گئی جیسی پانچ سال پہلے اس وقت ہو گئی تھی جب کارندہ حلیمہ بائی کی طرف سے اس کے خلاف بدکاری کی شکایت لے کر آیا تھا۔

"کیا بولا کرایہ بڑھائیں گے۔۔۔ ہاں ہمارا کھال کھینچ لو۔۔۔" وہ سینہ ابھار کر کولھوں پر ہاتھ رکھے اس کی طرف بڑھی۔۔۔ کارندے کی آنکھیں مچ گئیں۔

"کرایہ بولتا۔۔۔ ہم بولتا بے ایمان ہمارا دس سال کا وہائٹ واشنگ اور پینٹ کا پیسہ

واپس کریں گا۔۔۔ بھاگ جاؤ اپنا حلیمہ بائی کو بولو ہمارا پیسہ دیں۔۔۔ کیا ہمارے کو دیکھتا؟" ڈورتھی نے برا سامنہ بنا کر اس کی آنکھوں کے سامنے مجیریاں بجائیں۔ اور کارندے کے منہ میں جو آیا بکنے لگا۔۔۔ یہ اچھی باتیں نہ تھیں۔۔۔ رضیہ بیگم زینب بائی اور حنیف کی ماں سب اپنے کمروں سے جھانکنے لگیں۔ اور ڈورتھی برابر گالیاں بکتی حنیف کو بلانے اتری۔ مگر فیکٹری کی چابیاں لیے حنیف کا سالا اوپر آرہا تھا۔ اس نے بتایا کہ حنیف مس نیٹا کے ساتھ آرڈر بک کرنے گیا ہے۔ تب ڈورتھی مسٹر ڈگلس کے کمرے میں گالیاں بکتی گھسی۔۔۔

"یو سی مسٹر ڈگلس۔۔۔" مسٹر ڈگلس ساری تفصیل سنتے ہوئے اپنا وائلن رومال سے صاف کرتے رہے۔۔۔ اور سر ہلاتے رہے۔ پھر مسٹر ڈگلس نے وائلن پر گز پھیرا۔۔۔ ڈورتھی کھڑے سے بیٹھ گئی۔ دھن بڑھی تو کرسی پر سر ڈال دیا اور ٹانگیں پھیلا دیں۔ مسٹر ڈگلس نے دیکھا اس کی سوکھی ہوئی ٹانگوں پر ہلدی کی چھینٹیں تھیں اور کوئلے کی کالک۔۔۔ ان کا گز اور تیز ہو گیا۔ ڈورتھی نے اپنی آنکھیں نیم وا کرلیں اور ہاتھ کرسی کے ہتھے سے گرا دیے۔ مسٹر ڈگلس نے دیکھا کہ اس کے پالش اڑے ناخنوں میں سوکھا ہوا آٹا بھرا ہوا تھا۔۔۔ اور پھر کھن سے مجیریاں فرش پر گر گئیں۔

"آئی ایم ٹائرڈ۔۔۔ آئی ایم ویری ٹائرڈ۔۔۔" (میں تھک چکی ہوں) ڈورتھی بڑبڑائی اور اس کی آنکھیں بند ہو گئیں۔۔۔ مسٹر ڈگلس نے وائلن بکس میں رکھ دیا اور کالی پٹی والا سفید کوٹ پہن کر ٹیوشن کے لیے چلے گئے۔۔۔ پر جانے آج ان کا سر بار بار اس طرح کیوں ہل رہا تھا جس طرح وہ اپنے کسی عزیز کی موت کی خبر پر ہلاتے تھے۔

"رات بھر بلی کی طرح کوریڈور میں پھرتی رہی تھی کم بخت۔۔۔ زینب بائی سے کہتی تھی کہ بچہ میں رکھوں گی، برقعے والی عورتیں بچوں کو رکھنا نہیں جانتیں۔۔۔ ہے ناذات

کی آیا۔۔۔؟ بچے کو اس سے بچا کر رکھنا اے بی اس کا کوئی ٹھیک نہیں۔۔۔" رضیہ بیگم حنیف کی ماں کو چپکے چپکے بتا رہی تھیں۔

تب حلیمہ بائی نے اپنے کمرے کی کھڑکی سے رابعہ بائی بلڈنگ پر ایک نظر ڈالی۔ رابعہ بائی بلڈنگ جو انہیں اپنی دادی کی طرح نظر آتی تھی، بوسیدہ زرد میلی۔۔۔ پھر انہوں نے آنکھیں مچمچا کر ڈور تھی کے کمروں کو پہچاننے کی کوشش کی۔ نیلا رنگ اڑ چکا تھا۔۔۔ شیشے ٹوٹے اور دھنوالے!!

"اچھا تو ڈور تھی ایسا بولا۔۔۔" انہوں نے مڑ کر اپنے کارندے کو دیکھا اور تھک کر بولیں، "امین بھائی اس بلڈنگ کو گرانا ہی پڑیں گا۔۔۔ ایک کرایہ دار بھی اچھا نہیں رہا۔ اب ادھر نیا بڑا بڑا فلیٹ بنائیں گا۔۔۔ گورا لوگ جتنا کرایہ مانگو دیں گا۔۔۔"

* * *

www.ingramcontent.com/pod-product-compliance
Lightning Source LLC
LaVergne TN
LVHW010807051026
849532LV00007B/2463
* 9 7 8 9 3 5 8 7 2 7 8 7 6 *